T0048949

RELACIONES

101

LO QUE TODO LÍDER NECESITA SABER

JOHN C. MAXWELL

RELACIONES

101

LO QUE TODO LÍDER NECESITA SABER

CARIBE-BETANIA
Una División de Thomas Nelson, Inc.
The Spanish Division of Thomas Nelson, Inc.
Since 1798 - desde 1798
www.caribebetania.com

Betania es un sello de Editorial Caribe, Inc.

© 2004 Editorial Caribe, Inc.
Una división de Thomas Nelson, Inc.
Nashville, TN, EE.UU.
www.caribebetania.com

Título en inglés: *Relationships 101*
© 2003 by Maxwell Motivation, Inc.
Publicado por Thomas Nelson Publishers

Reservados todos los derechos. Ninguna porción de este libro se puede reproducir ni almacenar en ningún sistema de recuperación de información, ni transmitir en ninguna forma, sea electrónica, mecánica, fotocopiado, grabación o escaneado, excepto por breves citas en revisiones críticas o artículos, sin el permiso por escrito y previo del autor. Excepto cuando se indique, todas las citas bíblicas son tomadas de la Santa Biblia, versión Reina-Valera, revisión de 1960, propiedad de las Sociedades Bíblicas en América Latina. Usadas con permiso.

ISBN: 978-1-60255-453-5

Traductor: Miguel Mesías

Tipografía de la edición castellana:
Jorge R. Arias, *A&W Publishing Electronic Services, Inc.*

Impreso en EE.UU.
Printed in U.S.A.

Contenido

Prefacio del publicador

Nadie emprende un viaje solo. Constantemente dependemos de otros, de maneras tangibles e intangibles, para avanzar a nuestro destino. No podemos triunfar sin la ayuda de otras personas, pero el cultivo de relaciones personales positivas puede ser todo un reto. En *Relaciones personales, primer curso*, John Maxwell revela los secretos para relacionarse con otras personas. Señala las barreras a las relaciones personales, recalca las necesidades que son comunes a todo ser humano y describe las maneras de relacionarse con los demás en muchos niveles diferentes. Naturalmente, también muestra cómo las relaciones personales impactan el liderazgo. Sobre todo, explica cómo las relaciones nos ayudan a alcanzar nuestro pleno potencial.

Como el experto en liderazgo de los Estados Unidos el Dr. Maxwell ha dedicado toda su vida a ayudar a otros a triunfar. Mediante esta serie de libros su objetivo es ayudar a otros a lograr éxito REAL en cuatro aspectos vitales: relaciones personales, equipamiento, actitud y liderazgo. *Relaciones personales, primer curso* le provee los elementos básicos que usted necesita para dominar las destrezas propias de las relaciones personales. *Equipamiento, primer curso, Actitud, primer curso,* y *Liderazgo, primer curso,* le darán las otras destrezas que necesita para alcanzar sus objetivos.

Nos deleita publicar *Relaciones personales, primer curso* porque reconocemos la importancia de las relaciones personales positivas en todo aspecto de la vida. El cultivo de relaciones personales positivas con otros incluye riesgos, pero el Dr. Maxwell muestra que las recompensas son mayores que el riesgo. Este curso breve en relaciones personales le equipará con valiosas destrezas para relacionarse con otros en su proceso de avanzar hacia el éxito.

Parte I

La naturaleza de las relaciones personales

¿POR QUÉ SON IMPORTANTES LAS
RELACIONES PERSONALES PARA EL ÉXITO?

*Las relaciones personales son el pegamento que mantiene
unidos a los miembros de un equipo.*

A principios de la década de los sesenta Michael Deaver era un joven con inclinaciones políticas que
buscaba un dirigente en el que pudiera creer y al que pudiera seguir. La persona que halló fue un actor convertido
en político llamado Ronald Reagan. En 1966 Reagan fue
elegido gobernador de California, cargo que ocuparía por
dos períodos, de 1967 a 1975. Durante ese mandato Deaver llegó a ser jefe subalterno de personal de Reagan, puesto que también ocuparía cuando Reagan fue elegido como
el cuadragésimo presidente de los Estados Unidos.

Deaver admiraba muchas cosas del hombre con quien
trabajó por treinta años: sus convicciones y su amor por su

país, su comprensión de sí mismo, su habilidad como comunicador, y su transparencia. Deaver dijo: «Me atrevería a decir que en realidad era incapaz de ser deshonesto».[1] Pero tal vez lo más impresionante de Ronald Reagan fue su capacidad para relacionarse con las personas.

Deaver comentó: «Ronald Reagan era uno de los hombres más tímidos que jamás conocí».[2] Sin embargo, el presidente podía relacionarse con toda persona, fuera un jefe de estado, un obrero de alguna fábrica, o un periodista belicoso. Cuando le preguntaron por qué Reagan tenía tan buena relación personal con los periodistas, Deaver comentó: «Pues bien, a Reagan básicamente le gustan las personas, trátese de periodistas o simplemente personas comunes. Eso se nota. Aunque muchos de los periodistas no concuerdan con la política de Reagan, genuinamente les gusta él como persona».[3]

Parte de la destreza de Reagan brotaba de su carisma natural y hábil aptitud verbal que desarrolló en Hollywood, pero incluso mayor era su capacidad para relacionarse con las personas, algo que cultivó y afinó al viajar por el país durante una década como portavoz de la empresa General Electric.

Se dice que Reagan podía hacer sentir a toda persona como si fuera su mejor amigo, aunque nunca antes lo hubiese visto. Pero más importante todavía, se relacionaba con los que tenía más cerca de sí. Verdaderamente se interesaba en los que formaban su equipo. «El jefe de personal, el jardinero o un ministro de estado recibían igual trato de él, en lo que a él correspondía», recuerda Deaver. «Todos eran importantes».[4]

Deaver relató un episodio que dice mucho respecto a la conexión que existía entre los dos. En 1975 Reagan pronunció en San Francisco un discurso a un grupo de cazadores que defendía la conservación, y la organización le regaló un león de bronce pequeño. Al verlo Deaver lo admiró y dijo al gobernador Reagan que le parecía muy hermoso.

Diez años más tarde Deaver se preparaba para dar término a su servicio al presidente Reagan después de haber redactado su carta de renuncia. Reagan le pidió a Deaver que fuera a la Oficina Oval a la mañana siguiente. Cuando el jefe subalterno de personal entró en la oficina, el presidente se puso de pie frente a su escritorio para recibirlo.

—Mike, —le dijo—. Toda la noche he estado tratando de pensar en lo que podría darte, y que sería un recuerdo de las muchas ocasiones estupendas que hemos pasado juntos—. Entonces Reagan se dio la vuelta y tomó algo de su escritorio. —Si recuerdo bien, te encantó esta estatuita —dijo el presidente, con los ojos humedecidos. Le entregó el león de bronce a Deaver, quien quedó completamente anonadado. No podía creer que Reagan hubiera recordado eso de él en todos esos años. Ese león ha estado en un lugar de honor en la casa de Deaver desde entonces.

RELACIONES PERSONALES SÓLIDAS

A toda persona le encantaba estar cerca de Ronald Reagan porque él quería a la gente y se relacionaba con cada uno de ellos. Él comprendía que las relaciones personales eran el pegamento que mantiene unidos a los miembros del equipo; mientras más sólidas son las relaciones personales, más cohesivo es el equipo.

Casi todo lo que usted hace depende de un trabajo en equipo. No importa si usted es un dirigente o un seguidor, entrenador o jugador, maestro o alumno, padre o hijo, gerente en jefe u obrero voluntario sin sueldo; usted interactúa con otras personas. La pregunta es: ¿tendrá éxito su participación con otros? Su mejor posibilidad para el liderazgo también depende de relacionarse con los que forman parte de su equipo. A continuación usted puede saber si ha cultivado relaciones personales sólidas con otros. Busque las siguientes cinco características en sus relaciones personales:

I. RESPETO

Cuando se trata de relaciones personales todo empieza con el respeto, con el deseo de considerar valiosos a los demás. Les Giblin, al escribir sobre las relaciones humanas, dijo: «No puedes hacer que el otro se sienta importante en tu presencia si secretamente piensas que es un don nadie».

El detalle en cuanto al respeto es que usted debe mostrarlo a los demás, incluso antes de que hayan hecho algo para merecerlo, sencillamente porque son seres humanos. Pero al mismo tiempo usted siempre debe esperar habérselo ganado de los demás, y el lugar donde más rápidamente lo gana es sobre terreno difícil.

2. EXPERIENCIAS COMPARTIDAS

El respeto puede poner el cimiento para buenas relaciones personales, pero por sí solo no basta. Usted no puede tener relaciones personales con una persona que no conoce. Se requiere haber compartido experiencias durante un tiempo. Eso no siempre es fácil de lograr. Por ejemplo, a Brian Billick, entrenador de los Ravens de Baltimore, justo después de que ganaron el súper tazón del 2001, le preguntaron qué probabilidades tenía el equipo de repetir otro campeonato. Billick comentó que sería muy difícil. ¿Por qué? Porque del 25 al 30 por ciento del equipo cambia cada año. Los jugadores nuevos no tienen las experiencias compartidas en equipo que son necesarias para triunfar.

3. CONFIANZA

Cuando usted respeta a las personas y pasa con ellas tiempo suficiente como para cultivar experiencias compartidas, está en posición de cultivar confianza. La confianza es esencial en todas las buenas relaciones personales. El poeta escocés George MacDonald observaba: «Que confíen en uno es mayor elogio que ser querido». Sin la confianza no se puede sostener ningún tipo de relaciones personales.

4. RECIPROCIDAD

Las relaciones personales unilaterales no duran. Si una persona es siempre la que da y la otra es siempre la que recibe, a la larga la relación personal se desintegrará. Esto es cierto en toda relación personal, incluyendo las que se dan en un equipo. Para que las personas mejoren sus relaciones tiene que haber un «toma y dame» para que todos se beneficien a la par que dan. Recuerde preguntar a sus compañeros de equipo, colegas y amigos respecto a sus esperanzas, deseos y objetivos. Dé a las personas su atención completa. Muestre a los demás que se interesa en ellos.

5. DISFRUTE MUTUO

Cuando las relaciones personales crecen y empiezan a afirmarse, las personas involucradas empiezan a disfrutarse mutuamente. El simple hecho de estar juntas puede convertir tareas desagradables en experiencias positivas.

¿Cómo le va en esto de las relaciones personales? ¿Dedica usted bastante tiempo y energía a cultivar relaciones personales sólidas, o está tan concentrado en los resultados que tiene la tendencia a soslayar (o pisotear) a otros? Si esto último es cierto en usted, piense en las palabras sabias de George Kienzle y Edward Dare en *Climbing the Executive Ladder* [Cómo subir por la escalera ejecutiva]: «Pocas cosas le pagarán mejores dividendos que el tiempo y esfuerzo que dedica para entender a la gente. Casi nada añadirá más a su estatura como ejecutivo y como persona. Nada le dará mayor satisfacción o mayor felicidad». Llegar a ser una persona diestra en relaciones personales le dará éxito individual y en equipo.

CUANDO SE TRATA DE RELACIONES PERSONALES TODO
EMPIEZA CON EL RESPETO, CON EL DESEO DE
CONSIDERAR VALIOSOS A LOS DEMÁS.

2

¿QUÉ NECESITO SABER ACERCA
DE LOS DEMÁS?

A las personas no les importa qué tanto sabe usted
hasta que sepan cuánto se interesa usted en ellas.

Si desea triunfar y hacer un impacto positivo en su mundo necesita la capacidad de entender a los demás. Comprender a los demás le da el potencial para influir en todo aspecto de la vida, y no sólo en el mundo de los negocios. Por ejemplo, mire cómo el comprender a las personas ayudó a esta madre de un preescolar. Ella dijo:

Dejé a mi hijo de cuatro años en la casa y salí corriendo a botar algo en la basura. Cuando traté de abrir la puerta para volver a entrar, estaba con llave. Sabía que insistir en que mi hijo abriera la puerta resultaría en una batalla de voluntades de una hora. Así que con tono triste dije: «Ay, que malo. Acabas de encerrarte con llave en la casa». La puerta se abrió al instante.

Comprender a las personas ciertamente impacta su capacidad para comunicarse con los demás. David Burns, médico y profesor de psiquiatría de la Universidad de Pennsylvania, observaba: «La más grande equivocación que usted puede cometer al tratar de hablar convincentemente es considerar que la más alta prioridad corresponde a expresar sus ideas y sentimientos. Lo que la mayoría de las personas realmente quiere es que las escuchen, las respeten y las entiendan. En el momento que ven que se les está entendiendo, se motivan más para entender su punto de vista». Si usted puede aprender a entender a las personas, cómo piensan, lo que sienten, lo que las inspira, cómo es probable que actúen y reaccionen en una situación dada, entonces puede motivarlas e influenciarlas de una manera positiva.

POR QUÉ LAS PERSONAS NO LOGRAN COMPRENDER A LOS DEMÁS

La falta de comprensión hacia los demás es una fuente constante de tensión en nuestra sociedad. Una vez oí a un abogado decir: «La mitad de todas las controversias y conflictos que surgen entre las personas no son causados por diferencias de opiniones o porque no puedan ponerse de acuerdo, sino porque no pueden comprenderse unos a otros». Si pudiéramos reducir la cantidad de malos entendidos, los tribunales no estarían tan atiborrados, habría menos crímenes violentos, la tasa de divorcios se reduciría, y la cantidad de estrés cotidiano que experimenta la mayoría, se reduciría dramáticamente.

Si la comprensión es tan valiosa, ¿por qué no la practican más personas? Hay muchas razones:

TEMOR

William Penn, colono estadounidense del siglo diecisiete, aconsejaba: «Nunca desprecies ni te opongas a lo que no entiendes», sin embargo, muchos hacen exactamente lo opuesto. Cuando no entienden a otros, a menudo reaccionan con miedo. Una vez que empiezan a temer a otros, rara vez tratan de superar su miedo para aprender más de las otras personas. Se vuelve un círculo vicioso.

Desafortunadamente, el temor es evidente en el lugar de trabajo cuando se trata de las reacciones de los empleados hacia sus líderes. Con todo, en un ambiente saludable de trabajo, si uno da a los demás el beneficio de la duda y reemplaza el temor con la comprensión, todos pueden trabajar juntos positivamente. Todo lo que las personas tienen que hacer es seguir el consejo del presidente Harry Truman, quien dijo: «Cuando comprendemos el punto de vista de otro, cuando comprendemos lo que él está tratando de hacer, nueve de cada diez veces esa persona está tratando de hacer lo correcto».

EGOCENTRISMO

Cuando el temor no es la piedra de tropiezo, con frecuencia lo es el egocentrismo. Las personas no son egocéntricas a propósito; es simplemente la naturaleza humana pensar en sus propios intereses primero. Si quiere ver un ejemplo de esto, póngase a jugar con un niño de dos años. Naturalmente él escogerá los mejores juguetes, e insistirá en salirse con la suya.

Una manera de superar nuestro egocentrismo natural es tratar de ver las cosas desde la perspectiva del otro. Hablando a un grupo de vendedores Art Mortell, autor de *World Class Selling* [Venta de categoría mundial] dijo: «Cada vez que me hallo perdiendo al jugar ajedrez, me paro y me pongo detrás de mi contrincante y veo el tablero desde su lado. Entonces descubro los movimientos insensatos que he hecho porque puedo verlo desde su punto de vista. El reto del vendedor es ver el mundo desde la perspectiva del posible cliente».[1]

Ese es el reto para todos nosotros, sea cual sea nuestra profesión. La siguiente cita nos recuerda cuáles deben ser nuestras prioridades al tratar con otras personas

La palabra menos importante: yo

La palabra más importante: nosotros

Las dos palabras más importantes: Muchas gracias

Las tres palabras más importantes: Todo queda perdonado

Las cuatro palabras más importantes: ¿Cuál es tu opinión?

Las cinco palabras más importantes: Usted hizo un buen trabajo

Las seis palabras más importantes: Quiero poder comprenderle mejor a usted.

INCAPACIDAD PARA VALORAR LAS DIFERENCIAS

El siguiente paso lógico después de dejar atrás el egocentrismo es aprender a reconocer y respetar las cualidades singulares de cada persona. En lugar de tratar de moldear a los demás a su imagen, aprenda a valorar sus diferencias. Si alguien tiene un talento que usted no tiene, fabuloso. Los dos pueden fortalecer los puntos débiles del otro. Si otros vienen de una cultura diferente, amplíe sus horizontes y aprenda de ellos lo que pueda. Su nuevo conocimiento puede ayudarle a relacionarse, no sólo con ellos, sino también con otros.

Una vez que usted aprenda a valorar las diferencias de otros, se dará cuenta que hay muchas respuestas al liderazgo y a la motivación. Joseph Beck, en un tiempo presidente de la corporación Kenley, reconoció esa verdad cuando dijo que «personas diferentes son motivadas de maneras diferentes.

Un buen entrenador de baloncesto, por ejemplo, sabe cuándo un jugador necesita una "patada en el trasero". La principal diferencia es que todos los jugadores necesitan aliento y sólo unos pocos necesitan una "patada en el trasero"».

Incapacidad para reconocer las similitudes

Todos nosotros tenemos reacciones emocionales ante lo que sucede en nuestro derredor. Para fomentar la comprensión piense en lo que serían sus emociones si usted se hallara en la misma posición que la persona con quien interactúa. Usted sabe lo que querría que sucediera en una situación dada. Lo más probable es que la persona con quien usted está interactuando esté en gran parte sintiendo lo mismo.

SI USTED TRATA A TODA PERSONA QUE ENCUENTRA COMO
SI FUERA LA PERSONA MÁS IMPORTANTE DEL MUNDO,
LE COMUNICARÁ QUE EL O ELLA ES ALGUIEN... PARA USTED.

COSAS QUE TODO INDIVIDUO TIENE QUE COMPRENDER ACERCA DE LAS PERSONAS

Saber lo que las personas necesitan es la clave para comprenderlas. Si usted puede comprenderlas, puede influir en ellas e impactar sus vidas de una manera positiva. Lo que sé acerca de comprender a las personas se puede resumir en la lista que sigue:

1. TODA PERSONA QUIERE SER ALGUIEN

No hay ni una sola persona en el mundo que no tenga el deseo de ser alguien, de tener importancia. Incluso la persona menos ambiciosa y más modesta quiere que los demás le tengan en alta estima.

Recuerdo la primera vez que estos sentimientos fueron agitados fuertemente en mí. Sucedió cuando estaba en cuarto grado y fui a mi primer partido de baloncesto. Estaba con mis amigos en la galería del gimnasio. Lo que más recuerdo no fue el partido, sino el anuncio de la alineación de los equipos al empezar. Apagaron todas las luces y encendieron algunos reflectores. El anunciador decía el nombre de los jugadores que empezarían el partido, y cada uno corría al centro de la cancha mientras todos los presentes los vitoreaban.

Medio colgado en la galería ese día, como alumno de cuarto grado, dije: «Vaya, cómo me gustaría que eso me sucediera a mí». A decir verdad, para cuando se acabaron las presentaciones, miré a mi amigo Bobby Wilson, y le dije: «Bobby, cuando yo esté en la secundaria van a anunciar mi nombre, y voy a salir corriendo bajo esos reflectores hasta el centro de la cancha. La gente me va a gritar porras porque voy a ser alguien».

Me fui a casa esa noche, y le dije a mi papá: «Quiero ser un jugador de baloncesto». Al poco tiempo él me compró una pelota de baloncesto e instalamos una canasta en la cochera. Yo solía limpiar la nieve de la entrada para practicar mis tiros a la canasta y jugar baloncesto porque tenía el sueño de llegar a ser alguien.

Es curioso cómo esa clase de sueño puede impactar en la vida de uno. Cuando estaba en el sexto grado jugaba en los partidos internos. Nuestro equipo ganó un par de juegos, así que logramos ir al gimnasio Old Miller Street en Circleville, Ohio, donde yo había visto el partido de baloncesto cuando estaba en cuarto grado. Cuando llegamos, en lugar de ir a la cancha con el resto de los jugadores, mientras hacían su calentamiento me fui a la banca donde estos jugadores de secundaria habían estado dos años antes. Me senté donde ellos habían estado y cerré mis ojos (el equivalente de apagar las luces en el gimnasio). Luego, mentalmente oí que anunciaban mi nombre, y corrí hasta el centro de la cancha.

Me sentí tan bien oyendo el aplauso imaginario que pensé: *¡Voy a hacerlo de nuevo!* Lo hice. De hecho, lo hice tres veces, y de pronto me di cuenta que mis compañeros no estaban jugando, estaban contemplándome incrédulos. Pero no me importaba porque yo estaba un paso más cerca de ser la persona en que había soñado convertirme.

Toda persona quiere que los demás lo consideren y lo valoren. En otras palabras, toda persona quiere ser alguien. Una vez que ese detalle llega a ser parte de su pensamiento de todos los días, usted adquirirá una noción increíble de por qué las personas hacen lo que hacen. Si usted trata a toda persona que encuentra como si fuera la persona más importante del mundo, le comunicará que *es* alguien… para usted.

2. A NADIE LE IMPORTA CUÁNTO SABE USTED HASTA QUE SABE CUÁNTO SE INTERESA USTED EN ÉL

En el momento que las personas saben cuánto se interesa usted en ellas, cambia la manera como piensan de usted. Mostrar a otros que uno se interesa no siempre es fácil. Sus mejores recuerdos, y los más queridos, tendrán lugar debido a las personas, pero igualmente lo tendrán los momentos más difíciles, los más dolorosos o los más trágicos. Las personas son sus mejores recursos y sus más grandes tropiezos. El reto es seguir interesándose en ellas, cueste lo que cueste.

Encontré una cita penetrante titulada «Mandamientos paradójicos del liderazgo». Dice como sigue:

> La gente es ilógica, irrazonable y egocéntrica;
>   quiéralos de todas maneras.
> Si hace el bien, la gente le acusará de motivos
>   egoístas ulteriores; hágalo de todas maneras.
> Si triunfa, ganará amigos falsos y enemigos
>   verdaderos; triunfe de todas maneras.
> El bien que hace hoy tal vez quede en el olvido
>   mañana; haga el bien de todas maneras.
> La honradez y la franqueza le hacen vulnerable;
>   sea honrado y franco de todas maneras.

El hombre más grande con las ideas más grandes
    puede ser derribado por el hombre más pequeño
    con la mente más pequeña; piense en grande de
    todas maneras.
La gente favorece a los desamparados pero sigue sólo
    a los populares; luche por unos cuantos
    desamparados de todas maneras.
Lo que usted pasa años construyendo puede ser
    destruido de la noche a la mañana; construya de
    todas maneras.
La gente realmente necesita ayuda pero puede
    atacarle si le ayuda; ayúdelos de todas maneras.
Déle al mundo lo mejor de usted y lo que
    conseguirá es un puntapié en los dientes; déle al
    mundo lo mejor de usted de todas maneras.
Si lo mejor es posible, entonces lo bueno no basta.

Esa es la manera correcta de tratar a las personas. Además, usted nunca sabe cuál persona en su esfera de influencia surgirá y hará una diferencia en su vida y en las vidas de otros.

3. TODA PERSONA NECESITA DE ALGUIEN

Contrario a la creencia popular, no hay cosa tal como un hombre o una mujer que se haya hecho a sí mismo. Toda persona necesita amistad, estímulo y ayuda. Lo que la gente puede lograr por sí misma no es nada comparado con su potencial al trabajar con otros. Hacer cosas con otros tiende a dar contentamiento. Además, los Llaneros Solitarios raras veces son personas felices. El rey Salomón del antiguo Israel explicó el valor de trabajar juntos de esta manera:

> Mejores son dos que uno; porque tienen mejor paga de su trabajo. Porque si cayeren, el uno levantará a su compañero; pero ¡ay del solo! que cuando cayere, no habrá segundo que lo levante. También si dos durmieren juntos, se calentarán mutuamente; más ¿cómo se calentará uno solo? Y si alguno prevaleciere contra uno, dos le resistirán; y cordón de tres dobleces no se rompe pronto.[2]

Toda persona necesita de alguien que se ponga a su lado y lo ayude. Si usted comprende esto, está dispuesto a dar y ayudar a otros, y a mantener los motivos correctos, su vida y la de ellos puede cambiar.

4. Toda persona puede ser alguien cuando alguien más lo comprende y cree en ella

Una vez que usted entiende a las personas y cree en ellas, realmente pueden llegar a ser alguien. No lleva mucho esfuerzo ayudar a otros a sentirse importantes. Cosas pequeñas, hechas deliberadamente en el momento apropiado, pueden hacer una gran diferencia.

¿Cuándo fue la última vez que usted hizo más de lo que le correspondía para hacer que las personas se sientan especiales, como si realmente fueran alguien? La inversión exigida de su parte queda totalmente opacada por el impacto que hace en esa persona. Toda persona que usted conoce y con quien se cruza tiene el potencial de ser alguien importante en la vida de otros. Todos necesitan estímulo y motivación de parte suya, que les ayude a alcanzar su potencial.

5. Toda persona que ayuda a alguien influencia a muchos

Lo último que usted tiene que entender acerca de la gente es que cuando usted ayuda a una persona, en realidad está impactando a muchas personas. Lo que usted le da a una persona se desborda a las vidas de todas las personas a quienes ese individuo impacta. La naturaleza de la influencia es multiplicarse. Le impacta incluso a usted porque cuando usted ayuda a otros y sus motivos son puros, siempre recibe más de lo que jamás da. La mayoría de las personas quedan tan genuinamente agradecidas cuando alguien les hace sentirse especiales, que nunca se cansan de mostrar su gratitud.

ESCOJA ENTENDER A LOS DEMÁS

A fin de cuentas, la capacidad para entender a las personas es una decisión. Es cierto que algunos nacen con una gran intuición que les permite comprender cómo piensan y sienten los demás, pero aunque usted no sea una persona instintivamente inclinada a la gente, puede mejorar su capacidad de trabajar con los demás. Toda persona es capaz de tener la aptitud de entender, motivar y a la larga influir en otros.

PARTE II

LOS ELEMENTOS BÁSICOS DE LAS RELACIONES PERSONALES

3

¿CÓMO PUEDO ALENTAR A OTROS?

Creer en las personas antes de que ellas demuestren su valía
es la clave para motivarlas a alcanzar su potencial.

A toda persona le encanta recibir aliento. La estimula cuando se siente alicaída y la motiva cuando se siente desalentada. Para ser un alentador usted tiene que creer lo mejor de las personas, tener fe en ellas. De hecho, la fe es esencial para fomentar y mantener todas las relaciones personales positivas, y sin embargo es un bien escaso actualmente. Eche un vistazo a las siguientes cuatro realidades acerca de la fe.

I. LA MAYORÍA DE LAS PERSONAS NO TIENEN FE EN SÍ MISMAS

No hace mucho vi una tira cómica de *Shoe* por Jeff Mac-Nelly que mostraba a Shoe, el díscolo editor de periódico, parado en el montículo en un partido de béisbol. Su receptor le dice: «Tienes que tener fe en tu bola curva». En el siguiente cuadro Shoe comenta: «Es fácil que él lo diga. Cuando se trata de creer en mí mismo, soy agnóstico».

Así es como muchos se sienten hoy. Les cuesta creer en sí mismos. Creen que van a fracasar. Aunque vean la luz al otro lado del túnel, están convencidos de que es un tren. Ven una dificultad en toda responsabilidad, pero la realidad es que las dificultades rara vez derrotan a las personas; es la falta de fe en sí mismas lo que las derrota. Con un poco de fe en sí mismas, las personas pueden hacer cosas milagrosas. Pero sin ella, en realidad tienen grandes dificultades.

2. LA MAYORÍA DE LAS PERSONAS NO TIENEN A ALGUIEN QUE TENGA FE EN ELLAS

En *Just for Today* [Sólo para hoy] James Keller relata lo siguiente: «Un florista que tenía un puesto en una esquina no vendía casi nada. De repente se le ocurrió una feliz idea y puso un letrero: "Por 10 centavos esta gardenia le hará sentirse importante todo el día". Al instante sus ventas empezaron a aumentar».

En nuestra sociedad actual la mayoría de las personas se sienten aisladas. El fuerte sentido de comunidad que en una época disfrutaban la mayoría de los estadounidenses se ha vuelto raro. Muchos no tienen el respaldo familiar que era más común treinta o cuarenta años atrás. Por ejemplo, el evangelista Bill Glass destacó: «Más del 90 por ciento de presos en las cárceles oyeron que sus padres les decía mientras crecían: "Te van a echar en la cárcel". En lugar de enseñar a sus hijos a creer en sí mismos, algunos padres los están destrozando. Para muchos, incluso sus seres más queridos no creen en ellos. No tienen nadie de su parte. No es sorpresa que una cosa tan pequeña como una flor pueda hacer una diferencia en la forma en que la persona se enfrenta al día.

3. LA MAYORÍA DE LAS PERSONAS PUEDEN DECIR
CUÁNDO ALGUIEN TIENE FE EN ELLAS

Los instintos de las personas son bastante acertados para saber cuándo otros tienen fe en ellos. Pueden percibir si su creencia es genuina o fingida. El tener verdaderamente fe en alguien puede cambiar la vida de esa persona.

En su libro *Move Ahead with Possibility Thinking* [Avance con pensamiento de posibilidad] mi amigo Robert Schuller, pastor de la Crystal Cathedral en Garden Grove, California, cuenta un relato maravilloso de un incidente que cambió su vida cuando niño. Ocurrió cuando su tío tuvo fe en él y se lo mostró en palabras y acciones:

Su coche avanzó más allá del granero despintado y se detuvo en una nube de polvo veraniego frente a nuestro portón. Corrí descalzo por el porche astillado y vi a mi tío bajarse del auto. Era alto, muy guapo, y terriblemente vigoroso. Después de muchos años en China, venía a visitar nuestra granja en Iowa. Corrió hasta el viejo portón y puso sus enormes manos sobre mis hombros de cuatro años de edad. Sonrió ampliamente, me revolvió el pelo despeinado, y dijo: «¡Bien! ¡Me parece que eres Robert! Pienso que vas a ser predicador un día». Esa noche oré en secreto: «Querido Dios: Hazme un predicador cuando sea grande». Creo que Dios me hizo un PENSADOR DE POSIBILIDAD allí y entonces.

Siempre recuerde que su objetivo no es conseguir que la gente piense mejor de usted. Es conseguir que ellos piensen mejor de sí mismos. Tenga fe en ellos, y ellos empezarán a hacer precisamente eso.

4. LA MAYORÍA DE LAS PERSONAS HARÁ CASI CUALQUIER COSA PARA VIVIR A LA ALTURA DE LA FE QUE USTED TIENE EN ELLAS

Las personas suben o bajan para alcanzar el nivel de expectaciones que usted ha fijado para ellas. Si usted expresa

escepticismo y dudas en otros, ellos le pagarán con medio-
cridad su falta de confianza. Pero si cree en ellas y espera
que lo hagan bien, irán la segunda milla tratando de hacer
lo mejor que pueden. En el proceso, usted y ellos se benefi-
cian. John H. Spalding expresó esto de la siguiente manera: «Los que creen en nuestra capacidad hacen más que
estimularnos. Crean para nosotros una atmósfera en la
cual es más fácil triunfar».

Cómo llegar a creer en las personas

Soy afortunado porque crecí en un ambiente positivo y de
afirmación. Como resultado me ha sido fácil creer en las
personas y expresar esa creencia. Pero me doy cuenta de
que no todos tienen el beneficio de una crianza positiva. La
mayoría de las personas tienen que *aprender* a tener fe en
tros. Para desarrollar su fe en otros, trate de usar estas su -
gerencias.

Crea en ellos antes de que triunfen

A todos les encanta un ganador. Es fácil tener fe en personas que ya han demostrado lo que valen. Es mucho más
duro creer en las personas *antes* de que hayan demostrado

su valor, pero esa es la clave para motivar a las personas para que alcancen su potencial. Usted tiene primero que creer en ellas antes de que triunfen, y a veces antes de que usted pueda persuadirlas a que crean en sí mismas.

Algunos individuos que usted conoce quieren creer desesperadamente en sí mismos pero tienen muy poca esperanza. Al interactuar con ellos, recuerde el lema del héroe francés de la Primera Guerra Mundial Marshal Ferdinand Foch: «No hay situaciones sin esperanza; todo lo que hay son hombres y mujeres que han perdido la esperanza en sí mismos». Toda persona tiene en sí misma semillas de grandeza, aunque al presente tal vez estén dormidas. Pero cuando usted cree en las personas, riega esas semillas y les da la oportunidad de crecer.

ENFATICE SUS PUNTOS FUERTES

Muchos piensan erróneamente que para cultivar las relaciones personales y ser influyentes tienen que ser una «autoridad» y destacar las deficiencias de los demás. La gente que trata este método se vuelve como Lucy en la tira cómica *Rabanitos* de Charles Schulz. En una tira cómica Lucy le dice al pobre Carlitos Brown: «¡Estás a la sombra de tus propios postes del gol! ¡Eres una señal errada! ¡Eres como tres golpes cortos en el agujero dieciocho! ¡Eres una

jugada de siete bolos caídos y tres parados en la décima ti-
rada de boliche, eres un tiro libre fallido, un palo número
nueve torcido y un tercer strike ya sentenciado! ¿Me entiendes? ¿Está claro?» ¡Difícilmente esto es una manera de
impactar positivamente la vida de otra persona!

El camino para cultivar relaciones personales positivas
se halla en la dirección exactamente opuesta. La mejor manera de mostrar a las personas su fe en ellas y motivarlas es
enfocar su atención en sus puntos fuertes. Según el autor y
ejecutivo de publicidad Bruce Barton: «Nada espléndido
jamás se logró excepto por los que se atrevieron a creer que
algo dentro de sí mismos era superior a las circunstancias».
Al recalcar los puntos fuertes de las personas, usted les está
ayudando a creer que poseen lo que se necesita para triunfar.

CREER EN LAS PERSONAS ANTES DE QUE ELLAS DEMUESTREN
SU VALÍA ES LA CLAVE PARA MOTIVARLAS A ALCANZAR
SU POTENCIAL.

Elógielas por lo que hacen bien, tanto en privado como
públicamente. Dígales cuánto aprecia sus cualidades positivas y sus habilidades. Cada vez que tenga la oportunidad

de elogiarlos y felicitarlos en presencia de familia o amigos íntimos de ellos, hágalo.

COMPILE SUS TRIUNFOS PASADOS

Aunque recalque los puntos fuertes de las personas, ellas tal vez necesiten más estímulo que les muestre que usted cree en ellas y lograr motivarlas. La empresaria Mary Kay Ash, fundadora de la empresa de cosméticos que lleva su nombre, aconsejaba: «Toda persona tiene un letrero invisible colgado al cuello, que dice: "¡Hazme sentir importante!" Nunca olvide este mensaje al trabajar con personas». Una de las mejores maneras de hacerlo es ayudar a las personas a recordar sus éxitos pasados.

El relato de David y Goliat presenta un ejemplo clásico de cómo los éxitos pasados pueden ayudar a una persona a tener fe en sí misma. Usted recordará el relato bíblico. Un paladín filisteo de más de dos metros de estatura llamado Goliat se paró ante el ejército de Israel y se burló de ellos todos los días por cuarenta días, desafiándolos a que escogieran un guerrero que peleara contra él. El día cuarenta, un joven pastor llamado David llegó a las líneas del frente llevando comida para sus hermanos, que estaban en el ejército de Israel. Mientras estaba allí presenció las fanfarronerías y desplantes del gigante. David se enfureció tanto que le dijo al rey Saúl que quería ir a enfrentarse al gigante en batalla. Esto es lo que pasó luego:

> Dijo Saúl a David: No podrás tú ir contra aquel filisteo, para pelear con él; porque tú eres muchacho, y él un hombre de guerra desde su juventud. David respondió a Saúl: Tu siervo era pastor de las ovejas de su padre; y cuando venía un león, o un oso, y tomaba algún cordero de la manada, salía yo tras él, y lo hería, y lo libraba de su boca; y si se levantaba contra mí, yo le echaba mano de la quijada, y lo hería y lo mataba. Fuese león, fuese oso, tu siervo lo mataba … Jehová, que me ha librado de las garras del león y de las garras del oso, él también me librará de la mano de este filisteo.[1]

David miraba sus triunfos pasados y tenía confianza en sus acciones futuras. Por supuesto, cuando se enfrentó al gigante lo derribó como si fuera árbol, usando nada más que una piedra y una honda. Cuando le cortó la cabeza a Goliat, su triunfo inspiró a sus compatriotas y ellos desbarataron al ejército filisteo.

No todos tienen la capacidad natural para reconocer los triunfos pasados y cultivar confianza partiendo de ellos.

Algunos necesitan ayuda. Si usted puede mostrar a otros lo que han hecho bien en el pasado y ayudarles a ver que sus victorias pasadas han pavimentado el camino para triunfos futuros, ellos podrán pasar mejor a la acción. Mencionar los triunfos pasados ayuda a otros a creer en sí mismos.

INFUNDA CONFIANZA CUANDO FRACASAN

Cuando usted ha alentado a las personas y ha puesto su fe en ellas, y empiezan a creer que pueden triunfar en la vida, pronto ellas llegarán a una encrucijada crítica. La primera vez, o las primeras dos, que fracasen (y fracasarán porque eso es parte de la vida), tendrán dos alternativas. Darse por vencidos o seguir avanzando.

Algunos son resistentes y están dispuestos a seguir intentando triunfar, aunque no vean progreso inmediato. Pero otros no son tan decididos. Algunos se derrumbarán a la primera señal de problemas. Para darles un empujón e inspirarlos usted necesita seguir mostrando confianza en ellos, incluso cuando cometan equivocaciones o rindan muy poco.

Una de las maneras de hacerlo es contarles sus propios problemas y traumas pasados. A veces la gente piensa que debido a que usted al presente tiene éxito, siempre lo ha tenido. No se dan cuenta de que usted también tiene su historial de errores, fracasos y tropiezos. Muéstreles que el éxito es un peregrinaje, un proceso, y no un destino. Cuando se den cuenta de que usted ha fracasado y sin embargo se las arregló para triunfar, se darán cuenta de que está bien fallar. Conservarán intacta su confianza. Aprenderán a pensar como el legendario beisbolista Babe Ruth, cuando dijo: «Nunca dejes que el miedo de ser ponchado se interponga en tu camino».

EXPERIMENTEN ALGUNAS VICTORIAS JUNTOS

No es suficiente saber que el fracaso es parte de avanzar en la vida. Para realmente sentirse motivadas a triunfar, las personas necesitan creer que pueden ganar.

Ganar es motivación. El novelista David Ambrose reconoció esta verdad: «Si tienes la voluntad de ganar, ya has logrado la mitad de tu éxito; si no la tienes, ya has logrado la mitad de tu fracaso». Ponerse al lado de otros para ayudarles a experimentar algunas victorias junto a usted les da razones para creer que triunfarán. En el proceso, percibirán la victoria. Allí es cuando empiezan a suceder cosas increíbles en sus vidas.

Ayudar a las personas a creer que pueden alcanzar la victoria las pone en una posición donde pueden experimentar pequeños triunfos. Anímeles a desempeñar tareas o a asumir responsabilidades que usted sabe que pueden manejar y hacer bien. Déles también la ayuda que necesitan para triunfar. Con el tiempo, conforme crece su confianza, asumirán retos más y más difíciles, pero podrán hacerlo con confianza y competencia gracias al historial positivo que están cultivando.

VISUALICE EL TRIUNFO FUTURO DE ELLOS

Un experimento con ratas de laboratorio midió su motivación para vivir bajo diferentes circunstancias. Los científicos echaron una rata en una jarra de agua colocada en un lugar completamente oscuro, y midieron el tiempo que el animal insistía en nadar antes de darse por vencida y ahogarse. Hallaron que la rata luchaba por poco más de tres minutos.

Luego echaron otra rata en el mismo frasco, pero en lugar de colocarla en total oscuridad, permitieron que un rayo de luz la iluminara. En esas circunstancias la rata siguió nadando por treinta y seis horas. Eso es más de setecientas veces más tiempo que la rata en la oscuridad. Debido a que la rata podía ver, siguió manteniendo la esperanza.

Si eso es cierto en animales de laboratorio, piense en el fuerte efecto que la visualización puede ejercer sobre las personas, que son capaces de un razonamiento mucho más elevado. Se ha dicho que una persona puede vivir cuarenta días sin comida, cuatro días sin agua, cuatro minutos sin aire, pero sólo cuatro segundos sin esperanza. Cada vez que usted forja una visión para otros y pinta un cuadro de su éxito futuro, los edifica, los motiva y les da razón para seguir avanzando.

ESPERE UN NUEVO NIVEL DE VIDA

El estadista alemán Konrad Adenauer observó: «Todos vivimos bajo el mismo cielo, pero no todos tenemos el mismo horizonte». Haga que su objetivo sea ayudar a otros a ver más allá del hoy y de sus circunstancias presentes, y a soñar sueños grandes. Cuando usted deposita su fe en las personas, las ayuda a ampliar sus horizontes y las motiva a subir a un nuevo nivel de vida.

Depositar su fe en otro incluye correr un riesgo, pero las recompensas superan a los riesgos. Robert Louis Stevenson dijo: «Ser lo que somos, y llegar a ser lo que somos capaces de llegar a ser, es el único fin de la vida». Cuando usted deposita su fe en otros los ayuda a alcanzar su potencial. Usted se convierte en una relación personal importante en sus vidas, y ellos en la suya.

4

¿CÓMO PUEDO RELACIONARME
CON LAS PERSONAS?

Siempre recuerde: el corazón viene antes que la cabeza.

Me encanta comunicarme. Es una de mis pasiones. Aunque he pasado más de treinta años como conferencista profesional, siempre busco maneras de crecer y seguir mejorando en este aspecto.

EL MEJOR AMIGO DEL PÚBLICO

Sin duda usted habrá oído de Elizabeth Dole. Es abogada de profesión, fue miembro del gabinete de las administraciones de Reagan y Bush, y fue presidenta de la Cruz Roja Estadounidense. Es una comunicadora maravillosa. Su don particular, que presencié personalmente en San José un día, fue hacer sentir tanto a mí como a todos en su público como si en realidad fuera nuestra amiga. Me hizo alegrarme de estar allí. La cuestión de fondo es que ella en realidad sabe cómo relacionarse con las personas.

En 1996 ella demostró esa destreza ante la nación entera cuando habló en la Convención Nacional Republicana. Si usted la vio por televisión, sabe a qué me refiero. Cuando Elizabeth Dole salió ante el público esa noche, todos sintieron que ella era su mejor amiga. Ella pudo cultivar una asombrosa conexión con ellos. Yo también sentí esa conexión, aunque estaba sentado en la sala de mi casa viéndola por televisión. Cuando ella terminó de hablar, yo la hubiera seguido a donde fuera.

BOB NUNCA HIZO LA CONEXIÓN

También hablando en esa convención estaba Bob Dole, esposo de Elizabeth, lo que no es sorpresa puesto que él era el candidato republicano para la elección presidencial. Cualquiera que vio habrá observado una notable diferencia entre las destrezas de comunicación de ambos oradores. Mientras que Elizabeth era cálida y abordable, Bob parecía severo y distante. En toda la campaña nunca pareció poder conectarse con las personas.

Muchos factores entran en juego en la elección de un presidente de los Estados Unidos, pero no es el menor de ellos la capacidad del candidato para relacionarse con su público. Mucho se ha escrito sobre los debates entre Kennedy y Nixon en la elección de 1960. Una de las razones por las que John F. Kennedy triunfó fue porque pudo lograr que los televidentes se sintieran relacionados con él. La misma conexión surgió entre Ronald Reagan y su público. En la elección de 1992 Bill Clinton se esforzó extremadamente por cultivar un sentido de conexión con el pueblo estadounidense; para lograrlo incluso apareció en el programa de opinión *Arsenio* y tocó el saxofón.

USTED NO PUEDE IMPULSAR A LAS PERSONAS A LA ACCIÓN
A MENOS QUE PRIMERO LAS CONMUEVA CON EMOCIÓN.
EL CORAZÓN VIENE ANTES QUE LA CABEZA.

Pienso que Bob Dole es un hombre bueno, pero también sé que nunca se relacionó con el pueblo. Irónicamente, después de que se acabó la elección presidencial, él apareció en el programa *Saturday Night Live* [Sábado en la Noche en Vivo], que se había divertido a costa suya durante toda la campaña, implicando que carecía de humor y estaba fuera de onda. En el show Dole apareció relajado, abordable y capaz de reírse de sí mismo. Fue toda una sensación para el público. Finalmente se había relacionado.

EL CORAZÓN VIENE PRIMERO

Usted tiene que tocar primer el corazón de las personas antes de pedirles una mano. Todos los grandes comunicadores reconocen esta verdad y la ponen en práctica casi instintivamente. Usted no puede impulsar a la gente a la acción si primero no la conmueve con la emoción. El corazón viene antes que la cabeza.

Frederick Douglass fue un destacado orador y dirigente afro-estadounidense del siglo diecinueve. Se dice que tenía la notable capacidad de relacionarse con las personas y conmover sus corazones al hablar. El historiador Lerone Bennett dijo de Douglass: «Podía hacer que la gente *se riera* del dueño de esclavos que predicaba los deberes de la obediencia cristiana; podía hacerles *ver* la humillación de la doncella negra violada por el brutal dueño de esclavos; podía hacerles *oír* los gemidos de la madre separada de su hijo. Por él la gente podía llorar, maldecir, y *sentir;* por él ellos podían *vivir* la esclavitud».

CÓMO RELACIONARSE EN PÚBLICO Y EN PRIVADO

Relacionarse con las personas no es algo que tiene que suceder sólo cuando usted se comunica con grupos de personas. Tiene que suceder también con individuos. Mientras más fuerte es la relación personal entre los individuos, más beneficiosa será y es más probable que el seguidor querrá ayudar al líder. Ese es uno de los principios más importantes que he enseñado a mis empleados a través de los años. Mis empleados solían refunfuñar cada vez que decía: «A la gente no le importa cuánto saben ustedes mientras no vean cuánto se interesan ustedes», pero también sabían que era verdad. Usted puede cultivar credibilidad con las personas cuando se relaciona con ellos y les muestra que genuinamente quiere ayudarles.

RELACIÓNESE CON LAS PERSONAS, UNA A LA VEZ

Una clave para relacionarse con otros es reconocer que incluso en un grupo usted tiene que relacionarse con las personas como individuos. El general Norman Schwarzkopf comentó: «He visto líderes competentes que se pararon frente a su pelotón y todo lo que vieron fue un pelotón. Pero los grandes dirigentes se paran frente a su pelotón y ven a 44 individuos, cada uno de los cuales tiene aspiraciones, cada uno de los cuales quiere vivir, cada uno de los cuales quiere hacer lo mejor».[1] Esa es la única manera de relacionarse con las personas.

Ponga un «10» en la cabeza de toda persona

Una de las mejores cosas que usted puede hacer por las personas es esperar lo mejor de ellas. Yo llamo a esto poner un «10» en la cabeza de toda persona. Ayuda a otros a pensar más alto de sí mismos, y al mismo tiempo le ayuda a usted. Según Jacques Wiesel: «Un estudio de cien millonarios de cosecha propia mostró sólo un común denominador. Estos hombres y mujeres de gran éxito sólo podían ver el lado bueno de las personas».

Benjamín Disraeli comprendió y practicó este concepto, y fue uno de los secretos de su carisma. Una vez dijo: «El mayor bien que uno puede hacer por otro no es simplemente darle sus riquezas sino revelarle las que él tiene». Si usted aprecia a otros, los anima y los ayuda a alcanzar su potencial, ellos se relacionarán con usted.

Mientras mas difícil es el reto, mejor es la conexión

Nunca subestime el poder de desarrollar las relaciones personales. Si alguna vez ha estudiado las vidas de los comandantes militares notables, probablemente habrá notado que los mejores entendían cómo relacionarse con las personas. Una vez leí que durante la Primera Guerra Mundial en Francia, el general Douglas MacArthur dijo a un comandante de batallón antes de una acometida atrevida: «Mayor: Cuando venga la señal desde la cumbre, quiero que usted vaya primero, delante de sus hombres. Si lo hace, ellos lo seguirán». Luego MacArthur se quitó de su uniforme la Cruz de Servicio Distinguido y se la puso al mayor. En efecto, lo había premiado por heroísmo antes de pedirle que lo exhibiera. Por supuesto, el mayor dirigió a sus hombres, ellos le siguieron hasta la cumbre, y lograron su objetivo.

EL RESULTADO DE LA CONEXIÓN
EN EL LUGAR DE TRABAJO

Cuando un líder ha hecho el trabajo de relacionarse con su gente, se puede ver en la manera como funciona su organización. Entre los empleados hay una lealtad increíble y una fuerte ética de trabajo. La visión del líder se vuelve la aspiración de las personas. El impacto es increíble.

También se pueden ver los resultados de otras maneras. El Día del Jefe en 1994, apareció un anuncio a página

entera en *USA Today*. Fue puesto y pagado por los empleados de Southwest Airlines, y estaba dirigido a Herb Ke-
lleher, el gerente en jefe de la compañía:

Gracias, Herb
Por acordarte de los nombres de todos nosotros.
Por respaldar la Casa Ronald McDonald.
Por ayudar a cargar el equipaje en el Día de Acción
de Gracias.
Por darnos a todos un beso (y queremos decir a todos).
Por escuchar.
Por dirigir la única aerolínea principal que deja
ganancias.
Por cantar en nuestra fiesta.
Por cantar sólo una vez al año.
Por dejarnos llevar pantalones cortos y zapatos de
lona al trabajo.
Por jugar al golf en el LUV clásico con sólo un palo.
Por haberle ganado en hablar a Sam Donaldson.
Por montar tu Harley Davidson en la sede de
Southwest.
Por ser un amigo, y no simplemente un jefe.
Feliz Día del Jefe de parte de cada uno de tus
16.000 empleados.[2]

Una muestra de afecto como esa ocurre sólo cuando un líder ha trabajado arduamente para relacionarse con su gente.

Nunca subestime la importancia de construir puentes de relaciones personales entre usted y los que lo rodean. Hay un antiguo adagio que dice: Para dirigirte tú mismo, usa tu cabeza; para dirigir a otros, usa tu corazón. Siempre toque el corazón de la persona antes de pedirle una mano.

5

¿CÓMO PUEDO APRENDER A ESCUCHAR?

*Trate a toda persona como si fuera la persona
más importante del mundo.*

Edgar Watson Howe una vez bromeaba diciendo:
«Nadie lo escucharía a uno hablar si no supiera que a
él le toca hablar después». Desafortunadamente, eso describe acertadamente la manera en que muchos abordan la
comunicación: están demasiado ocupados esperando su
turno como para realmente escuchar a otros. En cambio,
los triunfadores comprenden el valor increíble de llegar a
ser buenos oyentes.

La capacidad para escuchar hábilmente es el cimiento para el cultivo de las relaciones personales positivas
con otros. Cuando Lyndon B. Johnson era senador novato en Texas, tenía un letrero en su oficina que decía:
«No aprendes nada cuando tú eres el único que habla».

Woodrow Wilson, el vigésimo octavo presidente de los Estados Unidos, dijo una vez: «El oído del líder debe resonar con las voces del pueblo».

El valor de escuchar

Considere los siguientes beneficios de escuchar:

Cuando se escucha se muestra respeto

Un error que a menudo se comete al comunicarse es tratar a toda costa de impresionar a la otra persona. Las personas tratan de parecer listos, ocurrentes o divertidos. Pero si usted quiere relacionarse bien con los demás, tiene que estar dispuesto a enfocarse en lo que ellos tienen que ofrecer. Muéstrese *impresionado* e *interesado,* no *impresionante* e *interesante.* El poeta y filósofo Ralph Waldo Emerson reconocía: «Todo hombre que conozco es de alguna manera mi superior, y puedo aprender de él». Recuerde eso y escuche, y las líneas de comunicación realmente se abrirán.

Cuando se escucha se edifican las relaciones personales

Dale Carnegie, autor del libro *Cómo ganar amigos e influir en las personas*, aconsejaba: «Usted puede ganar más amigos en dos semanas siendo un buen oyente que los que podría hacer en dos años tratando de que la gente se interesara en usted». Carnegie tenía un talento increíble para entender las relaciones personales. Reconocía que las personas que se enfocan en sí mismas y que hablan sólo de sí mismas y de sus preocupaciones todo el tiempo, rara vez desarrollan relaciones personales fuertes con otros. David Schwartz anotó en *The Magic of Thinking Big* [La magia de pensar en grande]: «Las personas grandes monopolizan el escuchar. La gente pequeña monopoliza el hablar».

Al llegar a ser un buen oyente, usted es capaz de relacionarse con otros en más niveles y desarrollar relaciones personales más fuertes y más profundas, porque usted está supliendo una necesidad. El autor C. Neil Strait destacaba que «todo individuo necesita de alguien y sentir que ese alguien realmente le escucha». Cuando usted se convierte en ese oyente importante, usted ayuda a esa persona.

Cuando se escucha se aumenta el conocimiento

Wilson Mizner dijo: «Un buen oyente no sólo es popular en todas partes, sino que después de un tiempo sabe algo». Es asombroso cuánto puede uno aprender acerca de los amigos y la familia, el trabajo, la organización para la que se trabaja y de uno mismo, cuando se decide realmente escuchar a los demás. Pero no todos captan este beneficio. Por ejemplo, una vez oí un relato sobre un tenista profesional que estaba dando una lección a un nuevo alumno. Después de observar al novato dar algunos golpes con la raqueta a la pelota, el profesional lo detuvo y le sugirió maneras en que podía mejorar su golpe. Pero cada vez que lo hacía, el alumno lo interrumpía y le daba una opinión diferente del problema además de decirle cómo había que resolverlo. Después de varias interrupciones el profesional empezó a asentir con su cabeza.

Cuando la lección terminó, una mujer que había estado observándolo todo dijo al profesional: «¿Por qué se dejó arrastrar por las necias sugerencias de ese arrogante?»

El profesional sonrió y replicó: «Aprendí hace mucho tiempo que es un desperdicio de tiempo tratar de vender *respuestas* reales a alguien que todo lo que quiere comprar son *ecos*».

Cuídese de ponerse en una situación en la que usted piensa que tiene todas las respuestas. Cuando lo hace, se pone en peligro. Es casi imposible pensar de uno mismo como «el experto» y seguir creciendo y aprendiendo al mismo tiempo. Todos los grandes aprendices son grandes oyentes.

Un problema común conforme las personas adquieren mayor autoridad es que a menudo escuchan menos y menos a los demás, especialmente a sus subalternos. Aunque es cierto que mientras más alto usted sube, menos se le exige escuchar a los demás, también es cierto que aumenta su necesidad de poseer mejores habilidades para escuchar. Mientras más lejos está de las líneas del frente, más tiene que depender de otros para obtener información confiable. Sólo si desarrolla desde temprano buenas habilidades para escuchar y luego sigue usándolas, podrá reunir la información que necesita para triunfar.

Al avanzar por la vida y lograr más éxito, no pierda de vista su necesidad personal de seguir creciendo y mejorando. Recuerde: un oído sordo es evidencia de una mente cerrada.

Cuando se escucha se generan ideas

Las buenas empresas tienen reputación de escuchar a su gente. Brinker International, dueños de los restaurantes Chili's, On the Border, Romano's Macaroni Grill y otras cadenas de restaurantes, es una de las cadenas de servicios alimenticios mejor administradas de la nación, de acuerdo a la revista *Restaurants and Institutions*. Casi el ochenta por ciento de los platos que constan en sus cartas han surgido de sugerencias hechas por los gerentes de sus sucursales.

Lo que es bueno para las empresas es bueno para los individuos. Cuando usted adquiere el hábito de escuchar a otros nunca le faltarán ideas. A la gente le encanta contribuir, especialmente cuando su líder comparte con ellos el crédito. Si usted da a las personas la oportunidad de expresar sus pensamientos y escucha con una mente abierta, siempre habrá un flujo de nuevas ideas. Incluso cuando las ideas no sirven, el simple hecho de escucharlos puede a menudo atizar otros pensamientos creativos en usted y en los demás. Nunca sabrá lo cerca que está de una idea de un millón de dólares a menos que esté dispuesto a escuchar a los demás.

CUANDO SE ESCUCHA SE EDIFICA LEALTAD

Algo divertido sucede cuando usted no hace una práctica de escuchar a los demás. Ellos buscan a otros que lo hagan. En el momento en que empleados, cónyuge, colegas, hijos o amigos dejan de creer que se les está escuchando, buscan a otras personas que les den lo que necesitan. A veces las consecuencias pueden ser desastrosas: el fin de una amistad, la falta de autoridad en el trabajo, la reducción en la influencia paterna o la ruptura de un matrimonio.

Por otro lado, la práctica de buenas habilidades para escuchar atrae a la gente a usted. A toda persona le encanta un buen oyente y se siente atraído a él o ella. Si usted escucha con constancia a los demás, valorándolos en alto grado así como lo que tienen para ofrecer, es más probable que ellos desarrollen una fuerte lealtad hacia usted, aun cuando su autoridad sobre ellos sea no oficial o informal.

ESCUCHAR ES UNA GRAN MANERA DE AYUDAR A OTROS Y A USTED MISMO.

Roger G. Imhoff instaba: «Deje que otros confíen en usted. Tal vez a usted no le ayude, pero con toda certeza les ayuda a ellos». A primera vista el escuchar a otros puede parecer que sólo beneficia a los demás, pero cuando usted se convierte en un buen oyente se pone en posición de ayudarse a usted mismo también. Tiene la capacidad de desarrollar relaciones personales fuertes, reunir información valiosa y aumentar su entendimiento de sí mismo y de los demás.

CÓMO DESARROLLAR HABILIDADES
PARA ESCUCHAR

Para llegar a ser un buen oyente usted tiene que querer oír, pero también necesita algunas habilidades que le ayudarán. Las siguientes son nueve sugerencias para ayudarle a llegar a ser un mejor oyente:

1. MIRE AL QUE HABLA

El proceso entero de escuchar empieza cuando usted presta a la otra persona toda su atención. Al interactuar con alguien, no se ponga al día en otro trabajo, ni revuelva papeles, ni lave platos, ni vea televisión. Dedique el tiempo necesario para enfocarse sólo en la otra persona. Si no tiene tiempo en ese momento, entonces haga arreglos para hacerlo tan pronto como pueda.

2. NO INTERRUMPA

La mayoría de personas reacciona mal cuando se les interrumpe. Les hace sentir que se les ha faltado al respeto. Según Robert L. Montgomery, autor de *Listening Made Easy* [Escuchar es fácil]: «Es igual de grosero pisar las ideas de otras personas como lo es pisarles los callos».

Los que tienen la tendencia de interrumpir a otros por lo general lo hacen por una de estas razones:

- No asignan suficiente valor a lo que el otro tiene que decir.

- Quieren impresionar a los demás demostrando lo listos e intuitivos que son.

- Están demasiado entusiasmados con la conversación como para dejar que el otro termine de hablar.

Si usted tiene el hábito de interrumpir a los demás, examine sus motivos y decida cambiar. Dé a los demás el tiempo que necesitan para expresarse. No piense que tiene que ser usted quien habla todo el tiempo. Períodos de silencio pueden darle la oportunidad de reflexionar en lo que se está diciendo para poder responder apropiadamente.

3. ENFÓQUESE EN ENTENDER

¿Ha notado usted lo rápido que la mayoría de las personas se olvidan de lo que han oído? Estudios en instituciones tales como las Universidades Estatales de Michigan,

Ohio, Florida y Minnesota indican que la mayoría de las personas puede traer a colación sólo el 50 por ciento de lo que oye, inmediatamente después de oírlo. Conforme pasa el tiempo, su capacidad para recordar sigue reduciéndose. Para el día siguiente su retención por lo general cae al 25 por ciento.

Una manera de combatir esa tendencia es buscar entender antes que simplemente recordar datos. El abogado, conferencista y autor Herb Cohen enfatizaba: «El escuchar eficazmente requiere algo más que oír las palabras que se transmiten. Exige que usted encuentre significado y entienda lo que se está diciendo. Después de todo el significado no está en las palabras, sino en las personas».

4. DETERMINE LA NECESIDAD DEL MOMENTO

Muchos hombres y mujeres se hallan en conflicto porque en ocasiones se comunican sobre cosas diferentes. Descuidan determinar la necesidad de la otra persona en el momento de la interacción. Los hombres por lo general quieren resolver cualquier problema que traten; su necesidad es la resolución. Las mujeres, por su parte, con mayor probabilidad le contarán el problema simplemente por contarlo, pero ni piden ni desean soluciones. Cada vez que usted puede determinar la necesidad presente de los que están comunicándose con

---

SI USTED MUESTRA A LAS PERSONAS LO MUCHO QUE
SE INTERESA Y LES HACE PREGUNTAS DE UNA MANERA
QUE NO AMENAZA, SE ASOMBRARÁ POR LO MUCHO
QUE LE DICEN.

---

usted, puede poner en su contexto apropiado lo que sea que digan. Así podrá entenderlos mejor.

5. CONTROLE SUS EMOCIONES

La mayoría de las personas arrastran su propio lastre emocional que las hace reaccionar ante ciertas personas o situaciones. Sigmund Freud afirma: «Un hombre al que le duele una muela no puede estar enamorado», con lo que quiere decir que el dolor de muelas no le permite notar nada aparte de su dolor. De manera similar, siempre que un individuo tiene intereses personales, las palabras de los demás mueren ahogadas por el ruido de sus propios pensamientos.

Cada vez que usted esté involucrándose emocionalmente en alto grado al escuchar a otro, controle sus emociones, especialmente si su reacción parece ser más fuerte de lo que amerita la situación. Usted no querrá convertir a una persona confiada en blanco de su desahogo. Además, aunque sus reacciones no se deban a algún evento de su pasado, usted siempre debe dejar que los demás terminen de explicar su punto de vista, sus ideas o sus convicciones, antes de expresar las suyas.

6. Suspenda su juicio

¿Alguna vez ha empezado a escuchar a otra persona que le contaba su historia, y le ha interrumpido para darle una respuesta antes de que haya terminado? Casi todos lo han hecho, pero la verdad es que usted no puede saltar a conclusiones y ser un buen oyente al mismo tiempo. Al hablar con otros espere hasta oír toda la historia antes de responder. Si no lo hace así, a lo mejor se pierde lo más importante que ellos quieren decir.

7. Haga un resumen a intervalos
regulares

Los expertos concuerdan en que escuchar es más eficaz cuando se hace activamente. John H. Melchinger sugiere: «Comente sobre lo que oye, e individualice sus comentarios. Por ejemplo, puede decir: "Charo: eso obviamente es importante para usted". Le ayudará a mantener el carril como escuchador. Vaya más allá del "qué interesante". Si se entrena a sí mismo para comentar significativamente, el

que habla sabrá que usted está escuchando y podrá ofrecer-
le más información».

Un método para escuchar activamente es hacer un resumen de lo que el otro está diciendo, haciendo un comentario a intervalos regulares. Cuando el que habla termina
un asunto, parafrasee sus puntos principales o ideas, antes
de que pase al siguiente, y verifique que ha recibido el
mensaje correcto. Hacerlo así da confianza a la persona y le
ayuda a usted a mantener su enfoque en lo que el otro está
tratando de comunicarle.

8. HAGA PREGUNTAS PARA TENER
MÁS CLARIDAD

¿Ha notado alguna vez que los mejores reporteros son
excelentes oyentes? Tome a alguien como Bárbara Wal-
ters, por ejemplo. Ella mira al que habla, se enfoca en entender, suspende el juicio, y hace un resumen de lo que la
persona tiene que decir. La gente confía en ella y parece estar dispuesta a decirle casi cualquier cosa, pero ella practica
otra destreza que la ayuda a reunir más información y aumenta su comprensión de la persona a la que está entrevis-
tando. Hace buenas preguntas.

Si usted quiere llegar a ser un oyente efectivo, conviér-
tase en un buen reportero, no de aquellos que meten el

micrófono en las narices mientras ladran alguna pregunta, sino de aquellos que con cortesía hacen preguntas de seguimiento y buscan más claridad. Si usted muestra a las personas lo mucho que se interesa y les hace preguntas de una manera que no amenaza, se asombrará de lo que mucho que le dirán.

9. Siempre haga del escuchar su prioridad

Lo último que se debe recordar al desarrollar su capacidad para escuchar es hacer del escuchar una prioridad, sin importar lo ocupado que esté o cuánto suba en su organización. Un ejemplo impresionante de un ejecutivo ocupado que se daba tiempo para escuchar es el finado Sam Walton, fundador del almacén Wal-Mart y uno de los hombres más ricos de los Estados Unidos. Él creía en escuchar lo que los demás tenían que decir, especialmente sus empleados. Una vez voló a Mt. Pleasant, Texas, aterrizó y le dio a su copiloto instrucciones para encontrarle como a ciento cincuenta kilómetros adelante en cierta carretera. Luego se fue en una camioneta de Wal-Mart simplemente para poder conversar con el conductor. Debemos dar al escuchar esta clase de prioridad.

Muchos dan por sentada la capacidad de escuchar. La mayoría de las personas considera que escuchar es fácil, y se consideran a sí mismos como oyentes bastante buenos. Aunque es cierto que la mayoría de las personas pueden oír, pocos son realmente capaces de escuchar. Sin embargo, nunca es demasiado tarde para convertirse en un buen oyente. Puede cambiar su vida, y las vidas de las personas en su vida.

PARTE III

EL CRECIMIENTO DE LAS
RELACIONES PERSONALES

¿CÓMO PUEDO CULTIVAR LA CONFIANZA EN OTROS?

Cuando sus palabras igualan a sus acciones, las personas saben que pueden confiar en usted.

E n su éxito de librería *The Seven Habits of Highly Effective People* [Los siete hábitos de las personas altamente eficaces] Steven Covey escribió sobre la importancia de la integridad para el éxito de una persona:

> Si trato de usar estrategias y técnicas de influencia humana sobre cómo lograr que otros hagan lo que quiero, que trabajen mejor, que se motiven más, que me quieran a mí y se quieran entre sí, mientras mi carácter es fundamentalmente defectuoso, marcado por la duplicidad y la insinceridad, entonces, a la larga, no puedo tener éxito. Mi duplicidad fomentará la desconfianza, y todo lo que haga, incluso usando las

llamadas tácticas de relaciones humanas, se percibirá como manipulador.

Sencillamente no hay ninguna diferencia entre lo buena que sea la retórica o incluso lo buenas que sean las intenciones, si hay poco o nada de confianza, no hay cimiento ni éxito permanente. Sólo la bondad básica da vida a la técnica.[1]

La integridad es vital para el éxito personal y en los negocios. Un estudio conjunto realizado por la Escuela para Graduados en Administración de la UCLA y Korn/Ferry International de la ciudad de Nueva York hizo una encuesta entre 1.300 ejecutivos en jefe. El setenta y uno por ciento de ellos dijeron que la integridad es la cualidad más necesaria para triunfar en los negocios. Y un estudio del Centro de Investigación Creativa descubrió que aunque la persona puede superar muchos errores y obstáculos, casi nunca es capaz de avanzar en la organización si compromete su integridad al traicionar la confianza.

LA INTEGRIDAD TIENE QUE VER CON COSAS PEQUEÑAS

La integridad es importante para desarrollar las relaciones personales. Es también el cimiento sobre el que se edifican muchas de las otras cualidades para el éxito, tales como el respeto, la dignidad y la confianza. Si el cimiento de la integridad es débil o fundamentalmente defectuoso, entonces el éxito se hace imposible. Como la autora y amiga Cheryl Biehl recalca: «Una de las realidades de la vida es que si no se puede confiar en una persona en todos los puntos, no se puede confiar en él o ella en ningún punto». Incluso las personas que logran esconder su falta de integridad por un tiempo a la larga sufrirán el fracaso y sus relaciones sufrirán.

Es esencial mantener la integridad atendiendo a las cosas pequeñas. Muchos mal entienden esto. Piensan que pueden hacer lo que se les antoje cuando se trata de cosas pequeñas, porque piensan que en tanto y en cuanto no cometan grandes trastadas, todo les irá bien. Pero los principios éticos no son flexibles. Una mentirita blanca sigue siendo una mentira. El robo es robo, sea que se trate de $1, $1.000 ó un millón. La integridad se compromete al carácter por sobre la ganancia personal, a las personas por sobre las cosas, al servicio por sobre el poder, al principio por sobre la conveniencia, a la noción de largo alcance por sobre la inmediata.

Philips Brooks, clérigo del siglo diecinueve, decía: «El carácter se forja con los pequeños momentos de nuestras vidas». Siempre que se rompe un principio moral, se crea una pequeña grieta en el cimiento de la integridad de uno, y cuando las cosas se ponen feas, es más duro actuar con integridad, y no más fácil. El carácter no se crea en una crisis, sólo sale a la luz. Todo lo que usted ha hecho en el pasado, y lo que ha dejado de hacer, sale a relucir cuando usted está bajo presión.

Desarrollar y mantener la integridad requiere atención constante. Josh Weston, ex-presidente y gerente en jefe de Automatic Data Processing, Inc., dice: «Siempre he tratado de vivir siguiendo una regla sencilla: "No hagas aquello que no te gustaría leer en los periódicos al día siguiente"». Esa es una buena norma que todos deberíamos observar.

LA INTEGRIDAD ES ASUNTO INTERNO

Muchos luchan con cuestiones de integridad, entre otras cosas, porque tienden a mirar fuera de sí mismos para explicar sus deficiencias de carácter. Pero el desarrollo de la integridad es asunto interno. Eche un vistazo a las siguientes tres verdades sobre la integridad que van en contra del pensamiento común:

1. La integridad no está determinada por las circunstancias

Es cierto que nuestra crianza y circunstancias afectan lo que somos, especialmente cuando somos jóvenes. Pero conforme avanzamos en años, mayor es el número de decisiones que tomamos, para bien o para mal. Dos personas pueden crecer en el mismo medio ambiente, incluso en la misma familia pero una tendrá integridad y la otra no. Sus circunstancias son tan responsables por su carácter como el espejo lo es por su aspecto. Lo que ve sólo refleja lo que usted es.

2. La integridad no se basa en credenciales

En tiempos antiguos los ladrilleros, grabadores y otros artesanos solían usar un símbolo para marcar lo que habían creado. El símbolo que cada uno usaba era su «carácter». El valor del trabajo iba en proporción a la destreza con que se hizo el objeto, y sólo si la calidad del trabajo era alta, se estimaba el carácter. En otras palabras, la calidad de la persona y su trabajo daban valor a sus credenciales. Si el trabajo era bueno, bueno era su carácter. Si era malo, entonces se veía su carácter como deficiente.

Lo mismo es cierto para nosotros hoy. El carácter viene de lo que somos. No obstante, algunos quieren que se les juzgue no por lo que son, sino por los títulos que se han ganado o el cargo que ocupan, sin que importe la naturaleza de su carácter. Su deseo es influir a otros por el peso de sus credenciales antes que por la fuerza de su carácter, pero las credenciales jamás pueden lograr lo que el carácter sí puede. Mire algunas de las diferencias entre los dos:

CREDENCIALES	CARÁCTER
Son transitorias	Es permanente
Enfoca los derechos	Mantiene el enfoque en las responsabilidades
Añade valor a una sola persona	Añade valor a muchas personas
Mira a los logros pasados	Construye un legado para el futuro
A menudo provoca celos en otros	Genera respeto e integridad
Puede sólo colocarlo en la puerta	Lo mantiene allí

Ninguna cantidad de títulos, grados, oficios, designaciones, galardones, licencias y otras credenciales pueden sustituir la integridad básica y honrada cuando se trata del poder para influir en los demás.

3. No hay que confundir integridad con reputación

Ciertamente una buena reputación es valiosa. El rey Salomón del antiguo Israel decía: «De más estima es el buen nombre que las muchas riquezas».[2] Pero una buena reputación existe porque es un reflejo del carácter de la persona. Si una buena reputación es como oro, entonces el tener integridad es como ser dueño de la mina. Preocúpese menos por lo que otros piensan, y preste atención a su carácter interior. D. L. Moody escribió: «Si cuido de mi carácter, mi reputación se cuidará a sí misma».

Si usted lucha por mantener su integridad y está haciendo lo debido *por fuera,* pero así y todo está logrando los resultados incorrectos, algo anda mal y usted todavía necesita un cambio *por dentro.* Mire las preguntas que siguen. Le ayudarán a descubrir los aspectos que necesitan atención.

PREGUNTAS PARA AYUDARLE A MEDIR SU INTEGRIDAD

1. ¿Cuán bien trato a las personas si no tengo nada que ganar?
2. ¿Soy transparente ante los demás?
3. ¿Ajusto mi papel según la persona o personas con quienes estoy?
4. ¿Soy la misma persona bajo los reflectores como cuando estoy a solas?
5. ¿Admito rápidamente mis errores sin que me presionen para hacerlo?
6. ¿Pongo a las personas por delante de mi agenda personal?
7. ¿Tengo una norma inmutable para las decisiones morales, o dejo que las circunstancias determinen mi decisión?
8. ¿Tomo decisiones difíciles, aunque me cuesten en lo personal?
9. Cuando tengo algo que decir acerca de las personas, ¿hablo *con* ellas o *de* ellas?
10. ¿Rindo cuentas por lo menos a otra persona por lo que pienso, digo y hago?

No se apresure a responder las preguntas. Si el desarrollo del carácter es un área de necesidad seria en su vida, su tendencia puede ser leer por encima las preguntas, dando las respuestas que describirían lo que a usted le gustaría ser en lugar de lo que realmente es. Dedique tiempo para reflexionar en cada pregunta, considerándola honradamente antes de responder. Luego trabaje las áreas en las que tenga más problemas.

LA INTEGRIDAD ES SU MEJOR AMIGA

La integridad es su mejor amiga. Jamás le traicionará ni le pondrá en una situación comprometedora. Mantendrá sus prioridades en orden. Cuando se vea tentado a tomar atajos, le ayudará a seguir el curso debido. Cuando otros le critiquen injustamente, le ayudará a seguir avanzando y tomará el camino superior de no desquitarse. Cuando las críticas de otros sean válidas, la integridad le ayudará a aceptar lo que dicen, aprenderá de ello, y seguirá creciendo.

SI UNA BUENA REPUTACIÓN ES COMO ORO, ENTONCES
EL TENER INTEGRIDAD ES SER DUEÑO DE LA MINA.

Abraham Lincoln dijo una vez: «Cuando entregue las riendas de mi administración quiero que me quede un amigo, y ese amigo está dentro de mí mismo». Usted casi puede decir que la integridad de Lincoln fue su mejor amiga mientras estuvo en la presidencia, porque fue criticado muy cruelmente. La siguiente es una descripción de lo que él encaró, según lo explica Donald T. Phillips:

> A Abraham Lincoln se le difamó, se le calumnió y detestó tal vez más intensamente que a ningún otro hombre que jamás se postuló para el cargo más alto de la nación... Públicamente la prensa de su día le aplicó casi todo insulto imaginable, incluyendo el de grotesco mandril, abogado rural de tercer orden que en un tiempo partía durmientes y ahora parte a la Unión, vulgar comediante grosero, dictador, gorila, bufón, y otros. El *Illinois State Register* le tildó de «el político más artero y más deshonesto que jamás haya deshonrado un cargo en los Estados Unidos...» Las críticas severas e injustas no se acabaron después que Lincoln tomó el cargo, ni tampoco venían sólo de los simpatizantes sureños. Venían de dentro de la misma Unión, del congreso, de algunas facciones dentro del partido republicano, e inicialmente de su propio gabinete.

Como presidente, Lincoln aprendió que sin importar lo que hiciera, siempre iba a haber personas que no quedarían contentas.[3]

A través de todo esto Lincoln fue un hombre de principios. Como Tomás Jefferson sabiamente dijo: «Dios concede que hombres de principios sean nuestros hombres principales».

LA INTEGRIDAD ES LA MEJOR AMIGA DE SU AMIGO

La integridad es su mejor amiga, y también es una de las mejores amigas que sus amigos jamás podrán tener. Cuando los que lo rodean sepan que usted es una persona de integridad, sabrán que usted quiere influenciarlos por la oportunidad de añadir valor a sus vidas. No tendrán que preocuparse por sus motivos.

Si usted es aficionado al baloncesto probablemente recordará a Red Auerbach. Fue presidente y después gerente general de los Celtics de Boston de 1967 a 1987. Verdaderamente entendía cómo la integridad añade valor a otros, especialmente cuando las personas trabajan juntas en equipo. Tenía métodos de reclutamiento que diferían de los de la mayoría de dirigentes de equipos de la NBA. Cuando revisaba a un jugador candidato para los Celtics, su interés primordial era el carácter del joven. Mientras que otros se concentraban por entero en las estadísticas o el desempeño individual, Auerbach quería conocer la actitud del jugador. Suponía que la manera de ganar era buscando jugadores que dieran lo mejor de sí para beneficio del equipo. Un jugador que tuviera una capacidad destacada pero cuyo carácter fuera débil o cuyo deseo fuera promoverse sólo a sí mismo no sería verdaderamente un elemento valioso.

Se ha dicho que no se conoce realmente a las personas mientras no se las haya observado interactuar con un niño, cuando una llanta de su auto se desinfla, cuando el jefe está ausente y cuando piensan que nadie jamás lo sabrá. Pero las personas con integridad jamás tienen que preocuparse por eso. Sin que importe dónde estén, con quién estén, o en qué situación se hallen, son consistentes y viven según sus principios.

Conviértase en una persona de integridad

A fin de cuentas usted puede desviar sus acciones para que

se ajusten a sus principios, o puede doblar sus principios para que se conformen a sus acciones. Es una decisión que usted tiene que tomar. Si quiere tener éxito, entonces será mejor que escoja la senda de la integridad porque todos los demás caminos a la larga llevan a la ruina.

Para llegar a ser una persona de integridad necesita regresar a lo básico. Tiene que tomar algunas decisiones serias, pero valdrán la pena.

COMPROMÉTASE A LA HONRADEZ, LA CONFIABILIDAD Y LA CONFIDENCIALIDAD

La integridad empieza con una decisión específica y consciente. Si espera hasta que surja la crisis antes de establecer las cuestiones de integridad, se dispone a fracasar. Escoja hoy vivir siguiendo un código moral estricto, y determine apegarse a él pase lo que pase.

DECIDA DE ANTEMANO QUE NO SE VENDE

El presidente Jorge Washington percibió que «pocos hombres tienen la virtud de resistir la oferta más alta». Algunos se dejan comprar porque no han resuelto la cuestión del dinero antes del momento de la tentación. La mejor manera de guardarse contra una ruptura de la integridad es tomar hoy la decisión de que no venderá su integridad; ni por poder, ni por venganza, ni por orgullo, ni por dinero; ninguna cantidad de dinero.

CADA DÍA HAGA LO QUE DEBE HACER ANTES DE LO QUE QUIERE HACER

Una gran parte de la integridad es cumplir hasta terminar consecuentemente sus responsabilidades. Nuestro amigo Zig Ziglar dice: «Cuando usted hace las cosas que tiene que hacer cuando tiene que hacerlas, vendrá el día cuando pueda hacer lo que quiere hacer cuando quiera hacerlo». El psicólogo y filósofo William James expresó la idea más rigurosamente: «Toda persona debería hacer todos los días por lo menos dos cosas que detesta hacer, simplemente por la práctica».

Con integridad usted puede disfrutar de libertad. No sólo es menos probable que lo esclavizará el estrés que brota de las malas decisiones, la deuda, el engaño y otros asuntos negativos del carácter, sino que estará libre para influenciar a otros y añadirles valor de una manera increíble. Su integridad abre la puerta para que disfrute de éxito continuado.

Si sabe por qué se mantiene firme y actúa en consecuencia, la gente puede confiar en usted. Usted es un modelo del carácter y consistencia que otros admiran y quieren emular. Usted habrá puesto un buen cimiento, lo que le hace posible edificar relaciones personales positivas.

¿CUÁL ES MI RELACIÓN PERSONAL MÁS IMPORTANTE?

Triunfe en casa, y todas las demás relaciones personales serán más fáciles.

¿Sabía usted que según la Oficina de Estadísticas Laborales, en los Estados Unidos las familias se disuelven más rápido que en cualquier otra de las principales naciones industrializadas? También los Estados Unidos van a la cabeza en el número de padres ausentes del hogar. Las leyes de los EE. UU. son las más permisivas del mundo en cuanto al divorcio, y las personas están usándolas a un ritmo alarmante.[1] Para algunos el matrimonio y la familia han llegado a ser víctimas aceptables en la búsqueda del éxito.

Pero muchos se están dando cuenta de que la esperanza de encontrar la felicidad a costa de la ruptura de una familia es una ilusión. Usted no puede abandonar su matrimonio o descuidar a sus hijos y ganar un éxito verdadero. Edificar y mantener familias fuertes nos beneficia en todo sentido y esto incluye la ayuda para triunfar. El experto en vida familiar Nick Stinnet afirmó hace más de una década: «Cuando usted tiene una vida familiar fuerte, recibe el mensaje de que se le quiere, se le cuida y es importante. *La ingestión positiva de amor, afecto y respeto... le da los recursos internos para lidiar más exitosamente con la vida*» (énfasis añadido).

Cómo trabajar para seguir juntos

Muy temprano en nuestro matrimonio Margaret y yo nos dimos cuenta de que en mi carrera a menudo tendría la oportunidad de viajar. Decidimos que cada vez que tuviera la oportunidad de ir a algún lugar interesante o asistir a alguna reunión que sabía que sería emocionante, ella me acompañaría, incluso cuando fuera difícil financieramente. Nos ha ido bastante bien en acatar ese compromiso con el correr de los años.

Margaret y yo, con nuestros hijos Elizabeth y Joel Porter, hemos estado en las capitales de Europa, en las selvas de América del Sur, en las atiborradas ciudades de Corea, en la agreste zona remota de Australia, y en safari en África del Sur. Hemos conocido personas maravillosas de toda raza y de una multitud de nacionalidades. Hemos tenido la oportunidad de ver y hacer cosas que permanecerán en nuestros recuerdos por el resto de nuestras vidas. Lo decidí muy temprano: ¿de qué me aprovecharía ganar todo el mundo si pierdo a mi familia?

Sé que no habría logrado ningún éxito en la vida sin Margaret, pero mi gratitud a ella y a nuestros hijos no brota de lo que ellos me han dado. Viene de lo que ellos son para mí. Cuando llegue al final de mis días no quiero que Margaret, Elizabeth o Joel Porter digan que fui un buen autor, conferencista, pastor o líder. Mi deseo es que mis hijos piensen que soy un buen padre y que Margaret piense que soy un buen esposo. Eso es lo que más importa. Es la medida del verdadero éxito.

PASOS PARA EDIFICAR UNA FAMILIA FUERTE

Los buenos matrimonios y las familias fuertes son una alegría, pero no se dan porque sí. El Dr. R. C. Adams, quien estudió miles de matrimonios en un período de diez años, halló que sólo el 17 por ciento de las uniones que estudió se podrían considerar verdaderamente felices. Jarle Brors, antiguo director del Instituto de Matrimonio y Relaciones Familiares de Washington, D.C., dijo: «Nos estamos dando cuenta finalmente de que tenemos que volver a lo básico a fin de restablecer el prototipo de familias que nos den el tipo de seguridad donde los hijos pueden crecer». Si queremos tener familias sólidas y matrimonios saludables, tenemos que esforzarnos arduamente para crearlos.

Si usted tiene familia, o tiene la intención de tener una en el futuro, mire las siguientes pautas. Han servido para la formación de la familia Maxwell, y pienso que pueden ayudarle a fortalecer la suya.

Exprésense aprecio unos a otros

Una vez oí que alguien bromeaba diciendo que el hogar es el lugar a donde los miembros de la familia van cuando se han cansado de portarse bien con otras personas. Desafortunadamente algunos hogares parecen funcionar de esa manera. Un vendedor pasa todo el día tratando a sus clientes con la mayor amabilidad y a menudo encara el rechazo a fin de levantar su negocio, pero es rudo con su esposa al llegar a casa. Una doctora en medicina pasa todo el día atendiendo con compasión a sus pacientes, pero llega a su casa agotada y se desquita con sus hijos.

Para edificar una familia fuerte tiene que hacer de su hogar un ambiente de apoyo. El psicólogo William James observaba: «En toda persona, desde la cuna hasta la tumba, hay una profunda ansiedad de recibir aprecio». Cuando las personas se sienten apreciadas muestran su mejor lado. Cuando ese aprecio tiene lugar en casa y va acompañado de aceptación, amor y estímulo, los lazos entre los familiares crecen y el hogar se convierte en un refugio seguro para todos.

¿DE QUÉ ME SIRVE GANAR TODO EL MUNDO SI PIERDO A MI FAMILIA?

He oído que por cada comentario negativo de un familiar, se necesitan cuatro comentarios positivos para contrarrestar el daño. Por eso es tan importante enfocarse en los aspectos positivos de cada personalidad y expresar amor incondicional los unos por los otros, tanto verbal como no verbalmente. De esa manera el hogar se convierte en un ambiente positivo para todos.

Estructuren sus vidas para pasar tiempo juntos

Se ha dicho que en los Estados Unidos el hogar se ha convertido en un cruce doméstico en forma de trébol donde los miembros de la familia se cruzan al dirigirse a una multitud de lugares y actividades. Parece ser cierto. Cuando yo era muchacho pasaba mucho tiempo con mis padres, mi hermano y mi hermana. Salíamos de vacaciones como familia, por lo general en el coche. Como padre me ha sido más difícil mantener viva esa tradición. Hemos sido buenos para planear y salir juntos de vacaciones, pero a veces hemos tenido que ser creativos para pasar tiempo juntos. Por ejemplo, cuando los hijos eran pequeños, yo siempre trataba de llevarlos a la escuela en el coche por la mañana, a fin de pasar algún tiempo con ellos. Pero con todas las cosas que tienen lugar en nuestras atareadas vidas, hallamos que la única manera en que podíamos pasar tiempo juntos era planeándolo cuidadosamente.

Todos los meses paso varias horas examinando mi itinerario de viajes, resolviendo qué lecciones tengo que escribir, pensando en los proyectos que tengo que completar y cosas por el estilo. En ese momento planeo mi trabajo para todo el mes, pero antes de marcar cualquier fecha para trabajo, anoto todas las fechas importantes para las actividades de la familia. Dejo libre el tiempo para cumpleaños, aniversarios, juegos deportivos, presentaciones de teatro, ceremonias de graduación, conciertos y cenas románticas. También pongo en el calendario tiempo en que salgo solo con Margaret y con cada uno de los hijos, para que podamos continuar edificando nuestras relaciones personales. Una vez que he anotado todo eso, entonces planeo mi horario de trabajo alrededor de lo ya anotado. Lo he hecho por años, y ha sido lo único que ha evitado que mi trabajo obligue a dejar a mi familia fuera de mi horario. He hallado que si no estructuro estratégicamente mi vida para pasar tiempo con mi familia, no lo haré.

TRATE CON LA CRISIS DE UNA MANERA POSITIVA

Toda familia atraviesa problemas, pero no todas las familias responden a ellos de la misma manera. Eso a menudo separa a una familia que estrecha sus lazos de la que a duras penas logra sobrevivir. He notado que algunas personas que andan en busca del éxito parecen evitar el medio ambiente hogareño. Sospecho que una razón es que no son capaces de manejar bien las situaciones de crisis en la familia. Encuentran más fácil tratar de evadir todos los problemas, pero esa no es la solución.

M. Scott Peck, autor de *The Road Less Traveled* [El camino menos transitado] ha ofrecido algunas percepciones notables sobre el tema de los problemas y cómo manejarlos:

> Es en el proceso entero de enfrentar y resolver problemas que la vida tiene significado. Los problemas son el filo cortante que distingue entre el éxito y el fracaso. Los problemas exigen nuestro valor y sabiduría; en verdad crean nuestro valor y sabiduría. Es sólo debido a los problemas que crecemos mental y espiritualmente... Es a través del dolor de confrontar y resolver los problemas que aprendemos. Como dijo Benjamín Franklin: «Aquellas cosas que duelen, instruyen».

Si vamos a crecer como familias y tener éxito en casa tanto como en otros aspectos de nuestra vida, debemos aprender a enfrentar las dificultades que hallamos allí. Las siguientes son algunas estrategias para ayudarle en el proceso de resolver problemas:

- *Ataque el problema, nunca a la persona.* Siempre traten de respaldarse unos a otros. Recuerde, ustedes están todos del mismo lado, así que no descargue sobre las personas sus frustraciones. Más bien, ataque el problema.

- *Busque toda la información.* Nada puede causar más daño que saltar a conclusiones falsas en una crisis. No desperdicie su energía emocional y física persiguiendo el problema equivocado. Antes de tratar de buscar soluciones, asegúrese de saber qué está sucediendo en realidad.

- *Haga una lista de todas las opciones.* Esto puede ser un poco analítico, pero en realidad ayuda porque usted puede mirar los temas emocionales con algo de objetividad. Además, si usted tuviera un problema en su trabajo, probablemente estaría dispuesto a seguir este proceso. Dedique al problema familiar por lo menos el mismo tiempo y energía que daría a algún problema profesional.

- *Escoja la mejor solución.* Al decidir alguna solución siempre recuerde que las personas son su prioridad. Tome sus decisiones de acuerdo a esto.

- *Busque los aspectos positivos del problema.* Como dijo el Dr. Peck, las cosas duras nos dan la oportunidad de crecer. Sin que importe lo malo que parezcan las cosas al momento, casi todo tiene algo positivo que puede resultar de ello.

- *Nunca retenga su amor.* Sin que importe lo
  malo que se pongan las cosas, o lo enojado que
  se sienta, nunca contenga su amor hacia su
  cónyuge e hijos. Claro, dígales cómo se siente y
  reconozca los problemas, pero siga amando
  incondicionalmente a su familia a través de
  todo el suceso.

Este último punto es el más importante de todos.
Cuando usted se siente amado y apoyado por su familia,
usted puede soportar casi cualquier crisis. Y usted puede
disfrutar verdaderamente del éxito.

COMUNÍQUESE CONTINUAMENTE

Un artículo en el periódico *Dallas Morning News* infor-
maba que la pareja promedio casada por diez años o más
dedica apenas treinta y siete minutos a la semana a la comunicación significativa. Casi ni podía creerlo. Compare
eso con el hecho de que el estadounidense promedio gasta
casi cinco veces más tiempo viendo televisión ¡todos los
días! No es de sorprender que muchos matrimonios estén
en problemas. Al igual que casi todo lo demás, la buena comunicación no surge porque sí. Tiene que ser desarrollada,
y ese proceso lleva tiempo y esfuerzo. Las siguientes son

algunas sugerencias para ayudarle a hacer precisamente eso:

- *Desarrolle plataformas para la comunicación.* Sea creativo para encontrar razones para hablarse uno al otro. Den juntos una caminata como familia, para poder conversar. Llame a su cónyuge un par de veces durante el día. Salgan a almorzar juntos una vez por semana. Ofrézcase a llevar a sus hijos al partido de fútbol para poder hablar con ellos. La comunicación puede tener lugar casi en cualquier parte.
- *Controle a los asesinos de la comunicación.* La televisión y el teléfono probablemente se roban la mayor parte del tiempo de comunicación en la familia. Restrinja el tiempo que les dedica, y se sorprenderá al ver cuánto tiempo tienen para hablar.
- *Aliente la honestidad y la transparencia en las conversaciones.* Las diferencias de opinión son saludables y normales en una familia. Anime a todos los miembros de la familia a decir lo que piensan, y cuando lo haga, nunca los critique ni los ridiculice.

- *Adopte un estilo positivo de comunicación.* Esté consciente de la manera en que interactúa con los miembros de su familia. A lo mejor usted ha adoptado un estilo que asfixia la comunicación abierta. Si tiene el hábito de usar cualquier otro estilo de comunicación que no sea de cooperación, empiece a trabajar de inmediato para cambiarlo. Usted tendrá que hacer eso si quiere edificar su relación personal con su familia.

COMPARTAN LOS MISMOS VALORES

Hoy las familias no dan a los valores la misma prioridad o atención que se les daba en otras épocas. El profesor de educación del Boston Collage, William Kirkpatrick dijo: «Existe el mito de que los padres no tienen el derecho de inculcar sus valores en sus hijos. De nuevo aquí, el dogma estándar es que los hijos deben crear sus propios valores. Por supuesto, los hijos tienen una pequeña y preciosa oportunidad de hacer eso, pero ¿tiene algún sentido que los padres permanezcan como espectadores neutrales cuando todos los demás, desde los escritores de guiones, hasta comediantes, publicistas, y hasta profesores de educación sexual insisten en vender sus valores a sus hijos?»[2]

Los valores comunes fortalecen a una familia y son benéficos en especial para los hijos al crecer. Un estudio que realizó el Instituto de Investigación demostró que en los hogares de un solo padre, los hijos cuyo padre o madre expresa y obliga a cumplir las normas prosperan al doble del ritmo que los hijos de los hogares en donde no se promueven los valores de la misma manera.[3] Y esto ni siquiera toma en cuenta si los valores son lo que podríamos considerar positivos.

La mejor manera de empezar a trabajar para compartir valores comunes en su familia es identificar los valores que usted quiere inculcar. Si la suya es como la mayoría de las familias, entonces nunca antes ha hecho esto. Pero para poder llevarlos a la práctica, primero tiene que hallarlos. Hay de tres a siete cosas por las cuales usted estará dispuesto a jugárselo todo.

Permítame darle una lista de las cinco que hemos identificado en la familia Maxwell para que tenga una idea de a qué me refiero.

1. Compromiso con Dios

2. Compromiso con el crecimiento personal
y de la familia

3. Experiencias comunes y compartidas

4. Confianza en nosotros mismos y en otros

5. El deseo de hacer una contribución en la vida

Los valores que usted escoge sin duda serán diferentes de los nuestros, pero tiene que identificarlos. Si nunca antes lo ha hecho, dedique tiempo para hablar de valores con su cónyuge e hijos. Si sus hijos son mayores, inclúyalos en el proceso de identificar los valores. Hágalo en forma de conversación. Nunca titubee para asumir el papel de modelo y maestro de los valores de su familia. Si no lo hace, alguien lo hará por usted.

EDIFIQUE SU MATRIMONIO

Finalmente, si usted es casado, lo mejor que puede hacer para fortalecer a su familia es edificar su relación matrimonial. Ciertamente es lo mejor que puede hacer por su cónyuge, pero también tiene un impacto increíblemente positivo en sus hijos. Mi amigo Josh McDowell sabiamente dijo: «Lo más grandioso que un padre puede hacer por sus hijos es amar a la madre de ellos». Lo mejor que una madre puede hacer por sus hijos es amar al padre de ellos.

Un ingrediente que comúnmente falta en muchos matrimonios es la dedicación a procurar que las cosas funcionen. Los matrimonios pueden empezar debido al amor, pero se acaban debido a la falta de compromiso. El investigador de la sexualidad, Dr. Alfred Kinsey, quien estudió a seis mil matrimonios y a tres mil divorciados, reveló que «tal vez no haya nada más importante en un matrimonio que una determinación a que ese matrimonio persita. Con una determinación así, los individuos se obligan a sí mismos a ajustarse y aceptar situaciones que parecerían suficiente base para un rompimiento, si la continuación del matrimonio no fuera el objetivo primordial». Si usted quiere ayudar a su cónyuge, sus hijos y a usted mismo, entonces comprométase a edificar y a sostener un matrimonio fuerte.

El técnico de la NBA Pat Riley dijo: «Sostén una vida familiar por largo tiempo y puedes sostener el éxito por largo tiempo. Primero lo primero. Si tu vida está en orden puedes hacer lo que quieras». Hay definitivamente una correlación entre el éxito familiar y el éxito personal. No es sólo edificar relaciones personales fuertes en la familia lo que pone el cimiento para el éxito futuro, sino que también le da a la vida un significado más profundo.

Pienso que pocos han logrado verdaderamente el éxito sin una familia positiva que los apoye. Sin que importe lo grande que sean los logros de las personas, pienso que con todo les falta algo cuando están trabajando sin el beneficio de estas relaciones personales estrechas. Es cierto que algunos son llamados a quedarse solteros, pero es poco común. Para la mayoría de las personas, una buena familia le ayuda a usted a saber su propósito y a desarrollar su potencial, y le ayuda a disfrutar del peregrinaje en el camino con una intensidad que no es posible encontrar de otra manera. Cuando se trata de sembrar las semillas para el beneficio de los demás, ¿quién podría recibir mayores beneficios de usted que los propios integrantes de su familia?

¿CÓMO PUEDO SERVIR Y DIRIGIR A LAS PERSONAS AL MISMO TIEMPO?

Usted tiene que amar a su gente más que su cargo.

El general del ejército de los Estados Unidos Norman Schwarzkopf mostró capacidades de liderazgo altamente exitosas al comandar las tropas aliadas en la Guerra del Golfo Pérsico, tal como lo había hecho a través de toda su carrera, desde sus días en West Point.

En Vietnam logró transformar por entero un batallón que estaba en ruinas. El Primer Batallón de la Sexta Infantería, conocido como el «peor de la Sexta», pasó de ser el hazmerreír a ser una fuerza luchadora eficaz, y fue seleccionado para realizar una misión más difícil. Resultó ser una asignación en lo que Schwarzkopf describió como «un lugar horrible y maligno» llamado la Península Batangan. Se había peleado por la región por treinta años, el territorio se hallaba cubierto de minas y trampas ocultas y era lugar de numerosas bajas semanales debido a estos artefactos.

Schwarzkopf aprovechó todo lo mejor de una mala situación. Introdujo procedimientos para reducir grandemente las bajas, y cada vez que un soldado *quedaba* herido por una mina, volaba personalmente para verlo, hacía que lo evacuaran usando su helicóptero, y hablaba con los demás soldados para levantarles el ánimo.

El 28 de mayo de 1970 un hombre fue herido por una mina, y Schwarzkopf, que para entonces era coronel, voló hasta el lugar del hecho. Mientras el helicóptero evacuaba al soldado herido, otro pisó una mina, que le hizo una seria herida en la pierna. El hombre cayó a tierra, aullando y gimiendo por el dolor. Allí fue cuando todos se dieron cuenta de que la mina no había sido una trampa solitaria. Estaban parados en medio de un campo minado.

Schwarzkopf pensaba que el soldado herido podría sobrevivir e incluso que lograría salvar su pierna, pero sólo si dejaba de revolcarse por el suelo. Había sólo una cosa por hacer. Tenía que ir al punto donde estaba el hombre, e inmovilizarlo. Schwarzkopf escribió:

> Empecé a avanzar por el campo minado, dando un paso muy lento a la vez, con los ojos clavados en el

suelo, buscando por cualquier prominencia delatora o alambritos sobresaliendo de la tierra. Las rodillas me temblaban tan fuertemente que cada vez que daba un paso tenía que agarrarme la pierna con ambas manos para calmarla antes de poder dar otro paso ... Me pareció que me tomó mil años llegar hasta donde estaba el muchacho.

Schwarzkopf, con más de cien kilos de peso, que había sido luchador en West Point, entonces se echó sobre el herido y lo inmovilizó. Eso le salvó la vida. Con la ayuda de un equipo de ingenieros Schwarzkopf sacó al herido y a los demás del campo minado.

La cualidad que Schwarzkopf mostró ese día se podría describir como heroísmo, valentía, o inclusive temeridad. Pero pienso que la palabra que mejor lo describe es *servidumbre*. Ese día de mayo, la única manera en que podía ser efectivo como líder era servir al soldado que estaba en problemas.

TENGA CORAZÓN DE SIERVO

Cuando usted piensa en servidumbre, ¿la concibe como una actividad desempeñada por personas relativamente de poca habilidad, que se hallan en la parte más baja de la escalera posicional de cargos? Si piensa así, se equivoca. La servidumbre no tiene nada que ver con el cargo o la habilidad. Tiene que ver con actitud. Usted sin duda habrá conocido personas en cargos de servicio que tienen una actitud muy pobre de servidumbre: el empleado grosero de la agencia gubernamental, la mesera que no quiere molestarse con recibir su orden, el empleado del almacén que se pone a hablar por teléfono con su amigo en lugar de atenderlo a usted.

Así como usted puede sentir cuando un trabajador no quiere servir a las personas, así puede detectar fácilmente cuando alguien tiene un corazón de siervo. La verdad es que los mejores líderes desean servir a los demás, y no a sí mismos.

¿Qué quiere decir personificar la cualidad de servidumbre? Un verdadero líder servidor:

1. PONE A OTROS POR ENCIMA DE SU PROPIA AGENDA

La primera característica de la servidumbre es la capacidad de poner a otros por encima de uno mismo y de sus deseos personales. Es más que estar dispuesto a poner momentáneamente a un lado su propia agenda. Quiere decir estar conciente intencionalmente de las necesidades de los demás, estar dispuestos a ayudarles, y ser capaz de aceptar sus deseos como importantes.

2. Posee la confianza para servir

El verdadero fondo de una actitud de siervo es la seguridad. Muéstreme alguien que piensa que es demasiado importante como para servir, y le mostraré a alguien que es básicamente inseguro. La manera como tratamos a otros es realmente un reflejo de lo que pensamos de nosotros mismos. El filósofo y poeta Eric Hoffer captó ese pensamiento:

> Lo asombroso es que realmente amamos a nuestro prójimo como a nosotros mismos; hacemos a otros lo que nos hacemos a nosotros mismos. Detestamos a otros cuando nos detestamos nosotros mismos. Somos tolerantes hacia otros cuando nos toleramos a nosotros mismos. Perdonamos a otros cuando nos perdonamos a nosotros mismos. No es el amor a uno mismo, sino el odio hacia uno mismo el que está en la raíz de los problemas que afligen a nuestro mundo.

Sólo los líderes seguros dan poder a otros. También es verdad que sólo las personas seguras pueden exhibir una actitud de servidumbre.

3. PROMUEVE EL SERVICIO A LOS DEMÁS

Casi cualquier persona servirá si se le obliga a hacerlo y algunos servirán en una crisis. Pero usted puede ver realmente el corazón de alguien que promueve el servicio hacia los demás. Los grandes líderes ven la necesidad, aprovechan la oportunidad y sirven sin esperar nada a cambio.

4. NO ESTÁ CONSCIENTE DE LA POSICIÓN

Los líderes siervos no se enfocan en el rango o la posición. Cuando el coronel Norman Schwarzkopf se vio en medio de ese campo minado, lo último en que pensó fue en su rango. Era simplemente un individuo tratando de ayudar a otro. Si hubo algo, fue que ser líder le daba un mayor sentido de obligación a servir.

5. SIRVE POR AMOR

La servidumbre no está motivada por manipulación o promoción de uno mismo. Está alimentada por el amor. Al final, el alcance de su influencia y la cualidad de sus relaciones personales dependen de la profundidad de su interés por los demás. Por eso es tan importante que los líderes estén dispuestos a servir.

CÓMO LLEGAR A SER SIERVO

Para mejorar su actitud de siervo, haga lo siguiente:

- *Realice actos pequeños.* ¿Cuándo fue la última vez que usted realizó pequeños actos de bondad para otros? Empiece con los que están más cerca a usted: su esposa o esposo, sus hijos, sus padres. Busque hoy mismo maneras de hacer por los demás pequeñas cosas que muestran que usted se interesa.
- *Aprenda a andar lentamente en medio de la multitud.* Aprendí de mi padre esta gran lección. La llamo andar a paso lento en medio de la multitud. La próxima vez que asista a alguna función con varios clientes, colegas o empleados, propóngase relacionarse con otros circulando entre ellos y hablando con cada uno de ellos. Enfóquese en cada persona que encuentre. Aprenda su nombre si no lo sabe todavía. Propóngase enterarse de las necesidades, anhelos y deseos de cada persona. Luego, cuando vaya a su casa, escriba una nota a usted mismo para hacer algo benéfico a una media docena de esas personas.

ES UNA VERDAD QUE QUIENES VAN A SER GRANDES DEBER
SER COMO LOS MENORES Y SIERVOS DE TODOS

- *Pase a la acción.* Si en su vida está notablemente ausente una actitud de siervo, la mejor manera de cambiar eso es empezar a servir. Empiece sirviendo con su cuerpo, y su corazón a la larga le alcanzará. Comprométase a servir a otros por seis meses en su iglesia, una agencia de la comunidad, una organización de voluntarios. Si su actitud sigue sin mejorar al final del período, hágalo de nuevo. Siga haciéndolo hasta que su corazón cambie.

¿Dónde está su corazón cuando se trata de servir a otros? ¿Desea usted llegar a ser un líder por las utilidades y los beneficios? ¿O está motivado por el deseo de ayudar a otros?

Si realmente quiere llegar a ser la clase de líder que las personas quieren seguir, tendrá que resolver la cuestión de la servidumbre. Si su actitud es ser servido en lugar de servir, se dirige a problemas. Es cierto que los que van a ser grandes deben ser como el menor y siervos de todos.

Albert Schweitzer sabiamente dijo: «No sé cuál será su destino, pero una cosa sé: Aquellos entre ustedes que serán realmente felices son los que han buscado y encontrado cómo servir». Si usted quiere tener éxito al más alto nivel, esté dispuesto a servir al más bajo nivel. Esa es la mejor manera de edificar las relaciones personales.

NOTAS

Capítulo 1
1. Michael K. Deaver, «The Ronald Reagan I Knew», *Parade,* 22 de abril del 2001, 12.

2. Ibid., 10.

3. «Thirty Years with Reagan: A Chat with Author, Former Reagan Aide Michael Deaver», 20 de abril del 2001.

4. Ibid.

Capítulo 2
1. Art Mortell, «How to Master the Inner Game of Selling», vol. 10, no. 7.

2. Eclesiastés 4:9–12.

Capítulo 3

1. 1 Samuel 17:33–37.

Capítulo 4

1. H. Norman Schwarzkopf, «Lessons in Leadership», vol. 12, no. 5.

2. Kevin and Jackie Freiberg, *Nuts! Southwest Airlines' Crazy Recipe for Business* (New York: Broadway Books, 1996), 224.

Capítulo 6

1. Stephen R. Covey, *The Seven Habits of Highly Effective People: Restoring the Character Ethic* (New York: Simon and Schuster, 1989).

2. Proverbios 22:1.

3. Donald T. Phillips, *Lincoln on Leadership: Executive Strategies for Tough Times* (New York: Warner Books, 1992), 66–67.

Capítulo 7

1. Gary Bauer, «American Family Life», revista *Focus on the Family*, July 1994, 2.

2. William Kirkpatrick, *Why Johnny Can't Tell Right from Wrong* (New York: Simon and Schuster, 1992).

3. Citado en *Christianity Today,* 4 de octubre de 1993.

Acerca del Autor

John C. Maxwell, conocido como el experto de los Estados Unidos en liderazgo, habla a cientos de miles de personas cada año. Ha comunicado sus principios sobre liderazgo a empresas de Fortuna 500, la Academia Militar de los Estados Unidos en West Point, y organizaciones deportivas como la NCAA, la NBA y la NFL.

Maxwell es fundador de varias organizaciones, tales como Máximo Impacto, dedicadas a ayudar a las personas a alcanzar su potencial de liderazgo. Es autor de más de treinta libros, entre ellos *Developing the Leader Within You, Failing Forward, Your Road Map for Success, There's No Such Thing as Business Ethics, y Las 21 Leyes Irrefutables del Liderazgo,* que han vendido más de un millón de ejemplares.

JOHN C. MAXWELL
JOHN C. MAXWELL
101
Breve y elemental libro que contiene sus mejores enseñanzas sobre cómo desarrollar una **actitud** correcta.
JOHN C. MAXWELL
RELACIONES
101
Relaciones 101 capta el valor y la importancia de cultivar relaciones positivas.
JOHN C. MAXWELL
LIDERAZGO
101
Esta es la guía fundamental para todo el que desee aprovechar al máximo sus oportunidades de liderazgo.
JOHN C. MAXWELL
CAPACITACIÓN
101
Una compilación concisa de principios que han sido probados a través del tiempo sobre cómo preparar a aquellos que están a su alrededor para el servicio
CARIBE BETANIA EDITORES
www.caribebetania.com